JN095040

改訂新版

まるごと
授業 算数 3年（下）

喜楽研の
QRコードつき授業シリーズ

板書と授業展開が
よくわかる

企画・編集：原田 善造・新川 雄也

わかる喜び学ぶ楽しさを創造する教育研究所　略称 喜楽研

はじめに

　「子どもたちが楽しく学習ができた」「子どもたちのわかったという表情が嬉しかった」という声をこれまでにたくさんいただいております。喜楽研の「まるごと授業算数」を日々の授業に役立てていただき誠にありがとうございます。今回は，それを一層使いやすくなるように考え，2024 年度新教科書にあわせて「喜楽研の QR コードつき授業シリーズ 改訂新版　板書と授業展開がよくわかる まるごと授業算数 1 年〜 6 年」（上下巻計 12 冊）を発行することにいたしました。

　今回の本書の特徴は，まず，ICT の活用で学習内容を豊かにできるということです。QRコードから各授業で利用できる豊富な資料を簡単にアクセスすることができます。学習意欲を高めたり，理解を深めたりすることに役立つ動画や画像，子どもたちの学習を支援するワークシートや，学習の定着に役立つふりかえりシートも整えております。また，授業準備に役立つ板書用のイラストや図も含まれています。

　次に，本書では，どの子もわかる楽しい授業になることを考えて各単元を構成しています。まず，全学年を通して実体験や手を使った操作活動を取り入れた学習過程を重視しています。子ども一人ひとりが理解できるまで操作活動に取り組み，相互に関わり合うことで，協働的な学びも成り立つと考えます。具体物を使った操作活動は，それを抽象化した図や表に発展します。図や表に表すことで学習内容が目で見えるようになりイメージしやすくなります。また，ゲームやクイズを取り入れた学習活動も満載です。紙芝居を使った授業プランもあります。それらは，子どもたちが楽しく学習に入っていけるように，そして，協働的な学びの中で学習内容が習熟できるような内容になっています。全国の地道に算数の授業づくりをしておられる先生方の情報を参考にしながらまとめ上げた内容になっています。

　学校現場は，長時間勤務と多忙化に加えて，画一的な管理も一層厳しくなっていると聞きます。新型コロナ感染症の流行もありました。デジタル端末を使用することで学び方も大きく影響されてきています。そんな状況にあっても，未来を担う子どもたちのために，楽しくてわかる授業がしたいと，日々奮闘されている先生方がおられます。また，新たに教員になり，子どもたちと楽しい算数の授業をしてともに成長していきたいと願っている先生方もおられます。本書を刊行するにあたり，そのような先生方に敬意の念とエールを送るとともに，楽しくわかる授業を作り出していく参考としてお役に立ち，「楽しくわかる授業」を作り出していく輪が広がっていくことを心から願っています。

2024 年 3 月

本書の特色

すべての単元・すべての授業の指導の流れがわかる

　学習する全単元・全授業の進め方を掲載しています。学級での日々の授業や参観日の授業，研究授業や指導計画作成等の参考にしていただけます。

　各単元の練習問題やテストの時間も必要なため，本書の各単元の授業時数は，教科書より少ない配当時数にしています。

1時間の展開例や板書例を見開き2ページでわかりやすく説明

　実際の板書をイメージできるように，板書例を2色刷りで大きく掲載しています。また，細かい指導の流れについては，3～4の展開に分けて詳しく説明しています。どのように発問や指示をすればよいかが具体的にわかります。先生方の発問や指示の参考にしてください。

QRコンテンツの利用で，わかりやすく楽しい授業，きれいな板書づくりができる

　各授業展開ページのQRコードに，それぞれの授業で活用できる画像やイラスト，ワークシートなどのQRコンテンツを収録しています。印刷して配布するか，タブレットなどのデジタル端末に配信することで，より楽しくわかりやすい授業づくりをサポートします。画像やイラストは大きく掲示すれば，きれいな板書づくりにも役立ちます。

　ベテラン教師によるポイント解説や教具の紹介なども収録していますので参考にしてください。

ICT活用のアイデアも掲載

　それぞれの授業展開に応じて，電子黒板やデジタル端末などのICT機器の活用例を掲載しています。子ども自身や学校やクラスの実態にあわせてICT活用実践の参考にしてください。

３年（下）目 次

QR コンテンツについて

授業内容を充実させるコンテンツを多数ご用意しました。右の QR コードを読み取るか下記 URL よりご利用ください。

URL: https://d-kiraku.com/4736/4736index.html
ユーザー名：kirakuken
パスワード：JP4v8f

※ 各授業ページの QR コードからも，それぞれの時間で活用できる QR コンテンツを読み取ることができます。
※ 上記 URL は，学習指導要領の次回改訂が実施されるまで有効です。

円と球

小 数

重 さ

分 数

本書の使い方

◆ **板書例**

　時間ごとに表題（見出し）を記載し，1〜4の展開に合わせて，およそ黒板を4つに分けて記載しています。（展開に合わせて1〜4の番号を振っています）大切な箇所や「まとめ」は赤字や赤の枠を使用しています。ブロック操作など，実際は操作や作業などの活動もわかりやすいように記載しています。

◆ **POINT**

　時間ごとの授業のポイントやコツ，教師が身につけておきたいスキル等を記載しています。

◆ **授業の展開**

① 1時間の授業の中身を3〜4コマの場面に切り分け，およその授業内容を記載しています。
② Tは教師の発問等，Cは児童の発言や反応を記載しています。
③ 枠の中に，教師や児童の顔イラスト，吹き出し，説明図等を使って，授業の進め方をイメージしやすいように記載しています。

◆ **目標**

　1時間の学習を通して，児童に身につけてほしい具体的目標を記載しています。

第 ❶ 時
1より小さい数を表す方法

本時の目標：整数で表せないはしたの量を，基準量（ここでは1L）を10等分して小数で表す方法を理解する。

板書例

ジュースのかさは何 L かな

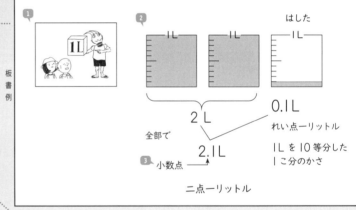

❶ ❷ はした

全部で 2 L　0.1L　れい点一リットル
1L を 10 等分した 1 こ分のかさ

❸ 小数点　2.1L
二点一リットル

(POINT) ジュースのはした量は何L？図に線をかいたり，ものさしで測ってみたりして，10等分した1個分のかさであることを

1 はしたのジュースの量を調べよう

紙芝居「さんちゃんすうちゃん大冒険」の⑤までを読む。

T どうしたら助けてあげられるでしょうか。
C 1Lますに入れてジュースの量をはかってみたらいいよ。

やかんのジュースを1Lますに入れてみます

あれ，2Lとはしたが出たよ
はしたはどうやって量ったらいいのかな
1dLますに入れたら調べられるよ

お話の続き⑥を読む。

C 1dLますは使えないんだ…どうしよう。
C どうやってはしたのかさを表したらいいのかな。

2 はしたのかさを図に表して考えよう

ワークシート①を使って学習する。

T ジュースのかさを図に表しました。真正面から見た図です。はしたのかさはどんなかさと言えるか，グループで話し合ってみましょう。

1Lのほんの少しのかさ…1dLくらいかな
1dL だと，1Lを10個に分けた1個分だね
ものさしで測ってみよう，1Lは10cmで，はしたは1cm
1Lを10等分した1個分のかさだね

できるだけ児童から10等分を引き出すようにする。ものさしを使って長さを測定してもよいことを伝える。

T 1Lを10等分した1個分のかさを，0.1Lと書き，れい点一リットルと読みます。

32

6

◆ 準備物

1時間の授業で使用する準備物を記載しています。準備物の数量は，児童の人数やグループ数などでも異なってきますので，確認して準備してください。

QR は，QR コードから使用できます。

◆ ICT

各授業案の ICT 活用例を記載しています。

◆ QR コード

1時間の授業で使用する QR コンテンツを読み取ることができます。

印刷して配布するか，児童のタブレットなどに配信してご利用ください。

（QR コンテンツの内容については，本書 p8, 9 で詳しく紹介しています）

※ QR コンテンツがない時間には，QR コードは記載されていません。

※ QR コンテンツを読み取る際には，パスワードが必要です。パスワードは本書 p4 に記載されています。

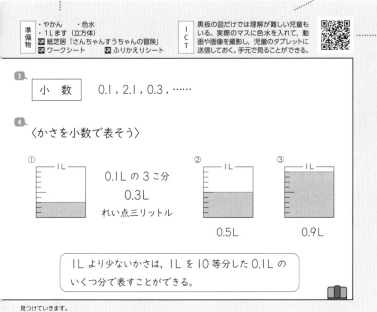

準備物	・やかん　・色水 ・1L ます（立方体） **QR** ワークシート　**QR** ふりかえりシート

ICT	黒板の図だけでは理解が難しい児童もいる。実際のマスに色水を入れて，動画や画像を撮影し，児童のタブレットに送信しておく。手元で見ることができる。

3 | 小　数 | 0.1, 2.1, 0.3, …… |

4 〈かさを小数で表そう〉

① 1L　0.1L の 3 こ分　0.3L　れい点三リットル
② 1L　0.5L
③ 1L　0.9L

1L より少ないかさは，1L を 10 等分した 0.1L のいくつ分で表すことができる。

見つけていきます。

3 やかんのジュースは全部で何 L といえばいいかな

C　2 L と，はしたのかさが 0.1 L だから…

C　何と読んだらいのかな。

T　2 L と 0.1 L を合わせたかさは，2.1 L と書いて，二点一リットルと読みます。2.1 のような数を小数といい，「・」を小数点といいます。

お話を最後まで読む。
小数とあわせて，「整数」の用語の説明もする。

はしたのかさを表すのに小数を使うんだ

お茶のペットボトルに 1.5L とあったよ，あれは一点五リットルと読むのかな

1 L より少ないかさを L で表すには，小数を使うといいんだね

4 いろいろなかさを小数で表そう

ワークシート②を使って練習問題をする。

T　それぞれのかさは何 L といえばよいでしょうか。小数で表してみましょう。

0.1 の何個分かも書いておきましょう

10 等分した 1 個分のかさが 0.1L だから，0.1L の 3 個分で 0.3L です

0. 1L をもとにして 0. 1L の何個分かで表すことを確認する。

学習のまとめをする。
ふりかえりシートも活用する。

QR コンテンツの利用で
楽しい授業・わかる授業ができる

見てわかる・理解が深まる動画や画像

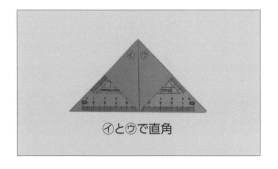

文章や口頭では説明の難しい内容は，映像を見せることでわかりやすく説明できます。視覚に訴えかけることで，児童の理解を深めると同時に，児童が興味を持って授業に取り組めます。

※ 動画には音声が含まれていないものもあります。

授業のポイント解説や簡単で便利な教具などを紹介

各学年でポイントとなる単元の解説やカードを使った計算ゲームなど，算数のベテラン教師による動画が視聴できます。楽しいだけでなく，どの子も「わかる」授業ができるような工夫が詰め込まれています。

授業で使える「ふりかえりシート」「ワークシート」

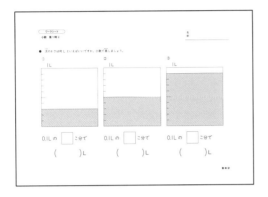 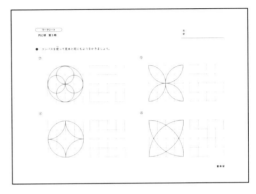

　授業の展開で使える「ワークシート」や，授業のまとめや宿題として使える「ふりかえりシート」などを収録しています。

　クラスの実態や授業内容に応じて，印刷して配布するか，児童のタブレットなどに配信してご利用ください。

板書作りにも役立つ「イラストや図」「カード」

 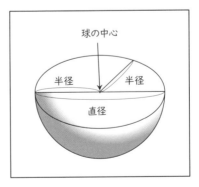

　イラストや図・カードは，黒板上での操作がしやすく，きれいな板書に役立ちます。また，児童に配信することで，タブレット上で大きくはっきりと見ることもできます。

　※ QR コンテンツを読み取る際には，パスワードが必要です。パスワードは本書 p4 に記載されています。

円と球

◎ 学習にあたって ◎

<この単元で大切にしたいこと>

　　これまで児童は曲線で囲まれた形を「まるい形」として漠然ととらえています。それをここでは，円や球という用語にふさわしい概念をもち，定義や性質を理解していく学習をします。そのねらいを達成するためには，目的に合わせた数学的な活動や操作活動を取り入れて，体験的に概念を身につけていくことが大切です。「円の学習＝コンパスの学習」ではありません。円は中心から同じ長さの点の集合という概念が根底にあり，コンパスは中心から無数にある半径の長さを連続して表す便利な道具だということを意識することが大切です。その基礎となる理解があると，コンパスを使い慣らす学習も効果的にできるようになります。

<数学的見方考え方と操作活動>

　　はじめに，円は中心から同じ長さの点の集合という活動があり，それは円の中に半径は無数にあるという考え方につながります。そして半径の長さの点を連続してかくことができる便利な道具としてコンパスがあります。コンパスの針と鉛筆の間に長さがあるという見方ができることからコンパスで長さを測り取ることもできます。また，円を使った模様をかく学習では，模様の中に中心と半径を見つける思考をしています。

<個別最適な学び・協働的な学びのために>

　　この単元の学習では，体験的な学習をすることが多くあります。公平な玉入れをするためにはどう並べばいいのかから始まります。円定規やコンパスを使って円をかくことを知り，円を使った模様をかきます。コンパスのいろいろな使い方を学習します。球の学習では形あてクイズをします。そして，球の直径の測り方を考えて球をいれる箱の大きさを考えて作ります。このような体験的な活動で，児童の学習意欲を相乗的に高めていくことができます。また，円の中心を見つけて半径と直径の関係を考える学習や，球の直径を測る方法を考える学習などでは，操作活動をしながら互いの考え方を出し合うことで学びを深めていくことができます。考えを出し合いながら目的に合わせた活動ができるようにします。

◎ 評　価 ◎

知識および技能	円や球の定義や性質，また，それぞれの構成要素の理解をし，コンパスを用いて円をかいたり，線分を写し取ったりすることができる。
思考力，判断力，表現力等	円や球の性質や特徴について考え，それをいかして円や模様のかき方などについて説明できる。
主体的に学習に取り組む態度	身のまわりにある円や球に関心をもち，進んで円や球を見つけたり，調べたりすることができる。

◎ 指導計画　8時間 ◎

時	題	目　標
1	円のつくり方	1点から等距離の点を集めた形が円になることがわかる。
2	円定規で円をかく	円の半径の意味を理解し，示された大きさの円を簡単な道具でかくことができる。
3	円の半径と直径	円の直径の意味を理解し，直径は半径の2倍の長さの関係になっていることがわかる。
4	コンパスを使って円をかく	コンパスを用いた円の作図方法を知り，円をかくことができる。
5	コンパスを使って円の模様をかく	コンパスを用いて円の模様をかき，コンパスの使い方に慣れる。
6	コンパスで長さをうつしとる	コンパスのいろいろな使い方を知り，コンパスの使い方に慣れる。
7	球	球の特徴を円と関連づけて理解する。
8	球の直径を測る	球の直径を測る方法を考えることを通して，球について理解する。

円のつくり方

板書例

公平な玉入れのならび方を考えよう

1

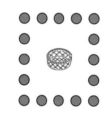

はしっこが遠い

まだ，公平ではない

かどにいくほど遠い

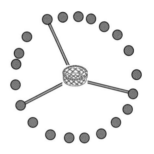

かごから
同じ長さ
公平

POINT QR 動画「1つの点から同じ長さに点を打つと」「折り紙を折りたたんで穴をあけると」も参考にしましょう。

1 みんなで玉入れをしよう

運動場で授業を始める。玉入れの玉とかごを準備する。

T みんなで玉入れをします。一直線に並んでください。誰がいちばん入るでしょう。

C これだと，端の人が遠くなるよ。不公平だよ。

T では，正方形に並んでみましょう。これでみんな公平になりますか。

C これも角の人が遠いです。

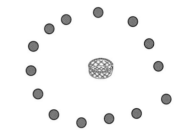

きれいに丸くなるにはどうしたらいいでしょう

長い棒を使って，同じ長さのところに立つ

ロープを使ってもできそうだね

ロープを使って同じ長さのところに立ち，みんな公平であることを確認する。その後，教室に戻ってまとめる。

T 一列や正方形では不公平でした。そして，丸く並ぼうとしましたが，うまくできませんでした。そして，…どうしましたか。

磁石玉を人に見立てて並び方を黒板で示す。

C かごからの長さが同じになるように並びました。

みんなが公平な並び方は，どんな並び方でしょう

丸くなったらいいです

丸くなってみよう

道具等使わずに，丸く並んでみる。ゆがんだ円になることに気づかせる。

| 準備物 | ・玉入れの玉とかご ・ロープ ・長い棒
・磁石玉 ・折り紙 **QR** ワークシート
QR 動画「1 つの点から同じ長さに点を打つと」
　　　「折り紙を折りたたんで穴をあけると」 | I
C
T | 動画は，児童のタブレットに送信し，
児童のペースでいつでも見ることがで
きるようにしておく。動画を見ながら
スムーズに作業できる。 |

2

| つの点から同じ長さで点をたくさんとってみよう

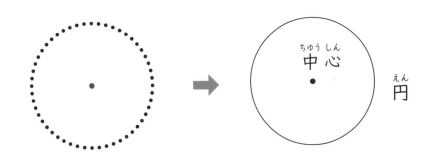

> | つの点から同じ長さにある点がつながってできた
> まるい形を円（えん）といいます。

---

2 1つの点から5cm のところに点を
たくさんかいてみよう【作業❶】

ワークシートを活用する。

T　みんなが丸くなったように，赤い点を1つ打って，
　そこから5cm のところに点をたくさんかきましょう。

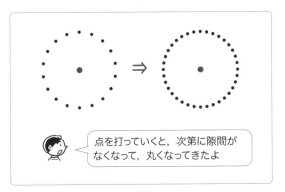

> 点を打っていくと，次第に隙間が
> なくなって，丸くなってきたよ

T　1つの点から同じ長さになるようにかいたまるい
　形のことを円といい，真ん中の点を中心といいます。
　作業❶と作業❷のどちらか 1 つの取り組みでよい。

---

3 紙を折って穴をあけて，紙を開いてみよう
【作業❷】

T　折り紙でやってみましょう。

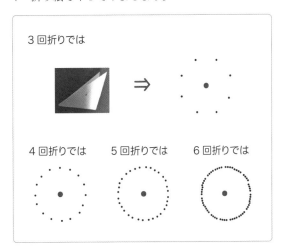

3 回折りでは

4 回折りでは　　5 回折りでは　　6 回折りでは

　折り紙では，4 回折りが限界であるが，ほぼ円に見える。
薄くて丈夫な洋裁用型紙（コピクイーン）を使うと，5 回折り，
6 回折りができ，さらに「円」に近づいてくる。

　学習のまとめをする。

円定規で円をかく

円の半径の意味を理解し，示された大きさの円を簡単な道具でかくことができる。

板書例

円をかいてみよう

1

円はどれでしょう
円ではない理由をせつ明しよう

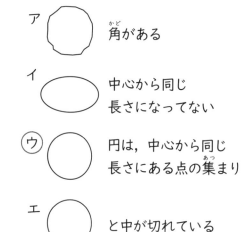

ア　角がある

イ　中心から同じ
長さになってない

ウ　円は，中心から同じ
長さにある点の集まり

エ　と中が切れている

2

〈円じょうぎを使って円をかこう〉

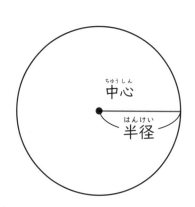

中心
半径

POINT　コンパスでは中心から円周までの長さが見えないため半径の概念がつきにくくなります。そのため，半径が見える円定規で

1 ア～エで円はどれですか。円ではない
理由を説明しよう

ア～エの図を提示する。

アは円ではないけど，
イは丸っこいね

エは少し間があいてい
るけど，円に見えるね

ウは，円です

C　理由は，アは角があるから違います。

C　イは，中心から同じ長さになっていません。

C　エのように，途中が切れていると円ではないと思
います。

　円とは，1つの点から同じ長さになるようにかいたまるい
閉じた形であることを復習しておく。

2 円定規を使って円をかいてみよう

黒板用の大きい円定規で円をかいて見せる。

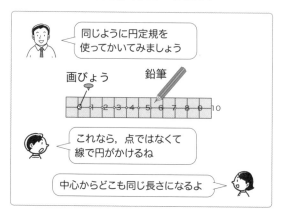

同じように円定規を
使ってかいてみましょう

画びょう　　鉛筆

これなら，点ではなくて
線で円がかけるね

中心からどこも同じ長さになるよ

C　8にさしてかいたら，大きな円がかけたよ。

T　鉛筆をさす位置を変えると，大きさの違う円をか
くことができます。1目盛りが1cmです。

　円定規は，教科書の付録や方眼工作用紙で作成したものを
使用する。ノートの下に敷く段ボールを1人1枚作っておく
と，画鋲やコンパスの針がささりやすく便利である。

準備物	・画鋲（児童数）　　・円定規（教師用）
	・段ボール　　　　　・OHPシート
	QR ふりかえりシート　QR 動画「運動場に円をかく」
	QR 円定規（方眼工作用紙 児童数）

ICT　描き方を考えさせるのではなく，円定規で円を描いて，算数的な美しさを実感させたい。描き方の動画や画像を児童のタブレットに共有しておくとよい。

3

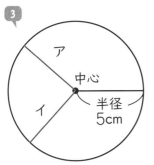

アもイも半径
半径はむすう
アもイも 5cm

4

<半径 4cmの円をかこう>

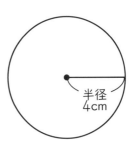

> 円の中心から円のまわりまでひいた直線を半径と
> いいます。1つの円では，半径はみんな同じ長さです。

の学習が必要です。

3　円の「半径」について学ぼう

T　「中心」から，円の周りまでの直線を「半径」といいます。（黒板にかいた円を使って説明）

　円定規の5に鉛筆をさして円をかいて，その円に，「中心」と「半径」を書きましょう。

アの直線は何ですか？

円の中心から
円の周りまでの
直線だから半径です

では，イはどうですか？

イも半径です

C　1つの円に半径は1つではなくて，無数にあるんだね。

4　いろいろな大きさの円をかいてみよう

T　今かいた円は，半径何cmの円でしょう。

C　1目盛りが1cmだから，半径5cmです。

C　同じ長さで回転させてかいたから，半径はどこも同じ長さです。

今度は，半径4cmの
円をかいてみましょう

円定規の4の目盛りに鉛筆をさしてかけばいいね

黒板のように，「半径4cm」とかいておきましょう

　透明OHPシートに半径4cmの円をコピーしておくと，答え合わせに便利である。

T　中心を同じにして，半径1cmから半径10cmまでの円をかいてみましょう。

　円をかく活動の間に個別支援をする。学習のまとめをする。ふりかえりシートを活用する。

板書例

円のことをもっと知ろう

1 ＜円の中心を見つけよう＞

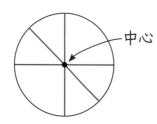
中心

ぴったり重ねておる
どの おり目 も中心を通る
まじわっている点が中心

円のまわりから
中心を通って
円のまわりまでの直線

直径（ちょっけい）

2 ＜直径と半径（はんけい）＞

直径
半径　半径

直径の長さは半径の2倍（ばい）
（半径は直径の半分）

POINT 円定規とコンパスを併用して使うと円がかきやすく，半径の意味も理解できます。

---

1 円の中心はどうやって見つけられるかな

児童に用紙を切り取った円を配布する。

T　円の中心を工夫して見つけましょう。
C　大体どの辺りかは予想できるよ。中心から円の周りまでは同じ長さだから，測ってみよう。

C　長さを測ると，どれも同じだよ。
C　半径がどこも5cmだから，ここが中心だね。

　円は，サークルカッター（円切りカッター）を使うと簡単に準備できて便利である。

2 折り目に沿って直線をひこう

円を3回半分に折り，折り目に沿って直線をひかせる。

T　どの直線も1か所で交わっていますね。ここが円の中心です。この直線を円の「直径」といいます。「直径」は，円の周りから円の中心を通り，円の周りまでひいた直線のことです。

直径と半径の長さを測り，直径の長さが半径の長さの2倍になっていることを確かめる。

3

＜直径を見つけよう＞

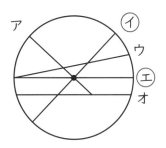

直径は円のまわり
からまわりまで
ひいた直線の中で
いちばん長い直線

4

＜コンパスで円をかこう＞

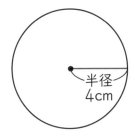

半径
4cm

半径の長さに
コンパスを開く

中心を通るように円のまわりから円のまわりまでひいた
直線を直径といいます。直径の長さは，半径の2倍です。
（ちょっけい）

---

3 円の直径を見つけよう

T　ア〜オの直線で直径はどれでしょう。直径でない
　理由も説明しましょう。

アは，円の周りまで直線が届いていないから違います

イとエが直径だと思います

ウとオは，円の中心を通っていないから直径ではありません

T　ア〜オでいちばん長い直線はどれですか。ものさ
　しで測ってみましょう。
C　イとエが同じ長さで，いちばん長いです。
T　直径は，円の周りから周りまでひいた直線の中で
　いちばん長い直線です。

4 コンパスと円定規を使って円をかこう

黒板で説明をしながら演示する。

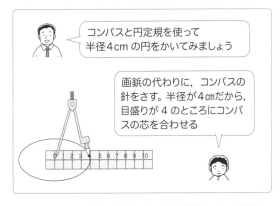

コンパスと円定規を使って
半径4cmの円をかいてみましょう

画鋲の代わりに，コンパスの針をさす。半径が4cmだから，目盛りが4のところにコンパスの芯を合わせる

　いきなりコンパスで円をかくことは子どもにとって非常に
難しい作業である。円定規を併用することで，コンパスの針
と芯が固定され，開き具合が変わる心配もない。針がすべら
ないように段ボール下敷きも使うとよい。手先が不器用な子
どもには，使いやすいコンパスを準備するなどの配慮も必要
である。
　学習のまとめをする。ふりかえりシートを活用する。

コンパスを使って円をかく

本時の目標：コンパスを用いた円の作図方法を知り，円をかくことができる。

板書例

コンパスで円をかこう

1 ＜直径10cmの円をかこう＞

コンパスは何cmにひらく？

> 直径＝半径×2
> 半径は直径の半分

10 ÷ 2 ＝ 5

半径5cmの円

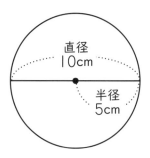

直径
10cm

半径
5cm

4

＜円をれんぞくしてかこう＞

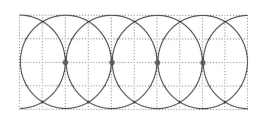

POINT 円をかくことがストレスにならないように，誰もが楽しく意欲的に練習ができるように，いろいろな配慮に心掛けましょう。

---

1 直径10cmの円をコンパスでかこう

T　コンパスは何cmに開いたらいいでしょう。

10cmではないの？

円定規を使ってかくときに，目盛りを半径の長さに合わせたよ。半径の長さにコンパスを開くよ

C　直径の長さは，半径の2倍だから，直径の半分が半径です。

C　半径は，10cm ÷ 2 ＝ 5cm　5cmです。

C　コンパスは，5cmに開きます。

　　円をかくには半径の長さが必要で，半径の長さに合わせてかくことを確かめる。

2 みんなでコンパス使いの名人になろう

T　コンパスのねじはしっかり閉めてありますか。鉛筆のコンパスは，鉛筆を針よりも少し短くしましょう。コンパスの使い方を実演しながら説明する。

⑤ 回すとは逆方向に，鉛筆を少し戻します。手首を（ $\frac{1}{10}$ 円ほど）逆方向にひねります

手首を
逆方向に
ひねる

逆方向に
少し戻す

回す方向

コンパスを回しやすくなったよ

　　段ボール下敷きを使うだけでも，手首を少しひねるだけでも，コンパスの使いやすさは大きく変わる。

<table>
<tr>
<td>準備物</td>
<td>・コンパス（教師用・児童用）
・段ボール下敷き
QR ふりかえりシート</td>
<td>ICT</td>
<td>ノートやプリントにコンパスで描いた円をタブレットで写真に撮り，教師に送信すれば，すぐに評価やフィードバックができる。また，記録も残せる。</td>
<td></td>
</tr>
</table>

2 3

＜コンパスの使い方＞

① 下じきをはずす。
（だんボール下じきをしく）

② 半径の長さにコンパスを開く。

③ 円の中心になる部分にはりをさす。

④ つまむところを親指と人さし指で持つ。

⑤ 回すのとはぎゃく方向に，えん筆を少しもどす。

⑥ はりの方に少し力を入れて，回す方向へ少しかたむけながらコンパスを回す。

⑦ と中で止めないようにコンパスを回す。

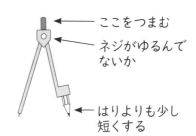

3　直径6cm，8cm，10cm，…の円をかこう

T　円の中心を同じにして，ノートにかいてみましょう。もうかけないところまでかいたら，直径4cm，直径2cmの円にも挑戦しましょう。

なかなかうまくかけないな

コンパスは難しいね

はじめは，なかなか上手くかけません。段々とコツがわかってきます。焦らずかいていきましょう

　コンパスの使い方を上達させるには，練習が必要である。そのためには，使うのが楽しい，もっとやってみたいと思えることが大切である。教師は，使う機会をつくり，細かな注意をするのではなくて，良いところを見つけて声掛けをしていくようにする。

4　ノートの方眼のマス目を使って，円を連続してかいてみよう

　見本を提示する。

C　どこを円の中心にしてかいたらいいのかな。

C　半径はどの円も同じ長さだね。

　次時の「円で模様をかく」に繋がる学習であるが，円全体が見えているため，比較的簡単に作図できる問題である。
　かき方がわからない児童には，円の中心になる位置に点をとって見せる。

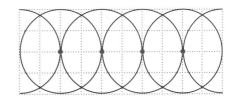

　早くできた児童には，マス目の数を変えて挑戦させ，その間に個別支援をする。
　学習の感想を書かせる。ふりかえりシートを活用する。

板書例

円のもようをかこう

1　ア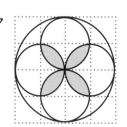

2　イ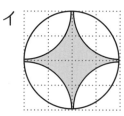

3　ウ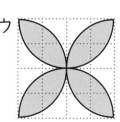

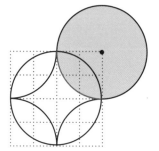

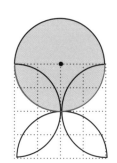

・中心を見つける

・半径(はんけい)を見つける

POINT　円は「美しい形」としてデザインにもよく使われています。かいた模様には色をつけて，美しく仕上げるように促しましょう。

1　見本アと同じ模様をコンパスでかいてみよう

ワークシートを使って学習する。

> 大きな円の中に，小さな円を4つかけばできるね

> 円の中心をどこにしてかけばいいのかな

T　円をかくのに何がわかればかけますか。

C　円の中心と半径がわかればかけます。

C　円の中心を見つけて，そこにコンパスの針を立てると，半径がわかります。

　アの模様は，円全体が見えるため，円の中心がどこかもわかりやすく，見本を参考にして，半径の長さも決めることができる。

2　見本イと同じ模様をかいてみよう

> 大きな円は，中心も半径もわかるけど…

> 中の星のようなかたちはどうやってかいたらいいのかな

> 丸くなっているところが円の一部だから…

しばらく，ひとりやペアで考える時間を取る。

　イの模様は，右図のように円の一部を使ってかいたものである。一部になっている円全体を見せて，理解させる。

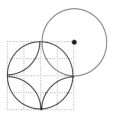

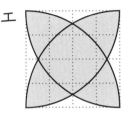

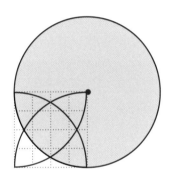

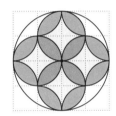

3　見本ウや見本エと同じ模様をかいてみよう

C　ウもエも円がかかれていないよ。

C　円の一部しか見えていないんだね。

見えている円の一部の全体を想像しましょう

ウは，円の半分が4つ見えているね

エは，円の $\frac{1}{4}$ が見えているよ

　ウもエも，部分的にしか円が見えないため，中心も半径も見つけにくい模様である。ペアで話し合いながら考える時間を取る。ヒントが必要な場合は，中心になる位置に1箇所点をとって見せる。

　一部になっている円全体を見せて，円の中心を確認する。

4　円を使った模様を自分で考えてみよう

T　円を使った模様や絵をみんなもかいてみましょう。

　本時の主となる目標は，「コンパスの使い方に慣れる」ため，各自自由に楽しんでかけるようにする。

〈作品例〉

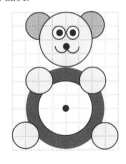

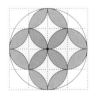

　児童の作品は，実物投影機などを使って皆に紹介したり，教室に掲示したりする。

　学習の感想を書かせる。ふりかえりシートを活用する。

第 **6** 時
コンパスで長さをうつしとる

本時の目標 | コンパスのいろいろな使い方を知り，コンパスの使い方に慣れる。

板書例

コンパスで長さをうつしとろう

1 〈同じ長さずつに区切（くぎ）ろう〉　　**1** 〈長さくらべをしよう〉

3cm ずつに区切ろう

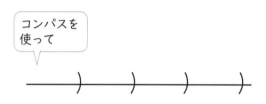

コンパスを使って

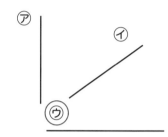

3
> コンパスでできること
> ・円をかく　・同じ長さに区切る　・長さをうつしとる

ICT　色々な種類の地図を使って，距離の比べ方を何度も練習し，慣れさせましょう。

---

1 同じ長さに線を区切ってみよう

ワークシートを使って学習する。

T　直線を 3cm ずつに区切りましょう。

C　3cm ずつ…，ものさしを使えばできるよ。

コンパスを使って区切ることができるでしょうか

コンパスを3cm に開いて，コンパスで印をつけていけば簡単にできるね

そんな使い方もできるんだね

　続けて，⑦，⑦，⑦の直線の長さをコンパスを使って比べる操作をする。

T　コンパスは，円をかくだけでなく，同じ長さに区切ったり，長さを写し取ったりすることもできます。

2 学校から近いのはどちらか，コンパスを使って調べよう

T　ようこさんと，たかしさんでは，どちらが学校に近いでしょう。

パッと見た感じではわからないね

ものさしで長さを測ってもいいけど，もっと簡単に調べられないかな…

ここでも，コンパスを使ってみましょう

C　ようこさんなら，3つの直線の長さをコンパスで取り出して，1本の直線に表すことができるよ。

T　折れ曲がった道を1本の直線に表してみましょう。

準備物	・コンパス (教師用・児童用) ・段ボール下敷き QR ワークシート QR ふりかえりシート	ICT	児童のタブレットに，色々な地図を送信しておく。児童は，自分のペースで地図を選び，コンパスを使って距離を調べる練習を重ねることができる。	

2

〈学校に近いのはどちら？〉

| 本の直線にうつしとる

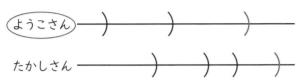

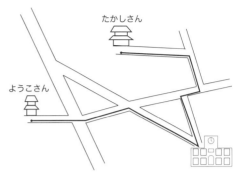

4

〈たからのありかをさがそう〉

たからは， ⑦の点から 3cm

⑦の点から 4cm

⑦の点から 5cm　のところ

3　コンパスで写し取った長さを比べてみよう

> 1本の直線に表したら，長さを測らなくてもすぐに比べられるね

> コンパスは，いろいろな使い方ができるね

T　コンパスでできることをまとめましょう。
C　円をかくことができる。
C　半円や円の一部だけをかくこともできます。
C　直線を同じ長さで区切ることができます。
C　長さを写し取ることができます。
C　長さを写し取って，長さを比べることもできます。

　ここでのコンパスの使い方の理解が，三角形の作図などの学習にも関連していく。

4　宝島の宝のありかを探そう

1人やペアで取り組む時間を取る。

宝は，
⑦の点から 3cm
⑦の点から 4cm
⑦の点から 5cm
のところにある。

C　⑦から 3cm のところに印をつけて…，たくさんあるから，測って調べるのは大変だ。

　コンパスを使って，それぞれの長さの半径の円をかき，その円が重なる箇所が宝のありかであることを確かめる。

　本時の学習は，コンパスの開きで作られる長さの理解が基礎となる。円の作図で，円定規を併用していれば，自然と長さを写し取っていることも理解できる。
　学習のまとめをする。ふりかえりシートを活用する。

本時の目標　球の特徴を円と関連づけて理解する。

「何だろう」クイズ

板書例

1

上から	横から	もの	転がり方
○	▯	ジュースのかん	横にすると転がる
○	○	ドッジボールサッカーボール	よく転がる
◯	◯ ◯	たまご	ゴロンゴロンと転がる
○	○	テニスボール	よく転がる
○	▭	フリスビー	立てると転がる

どこからでも円に見える
形を 球 といいます。

球は，よく転がる形

ICT　平面でなく，立体は指導や説明が困難です。デジタル教科書や教科書会社のサイトなどを積極的に使うとよいでしょう。

1 「何だろう?」クイズをしよう　〜上から見た形と，横から見た形でわかるかな〜

ジュースの缶，ドッジボール，たまご，テニスボール，フリスビー等，5種類程度のクイズのグッズを準備しておく。影絵を見せてもよいが，黒板に簡単な図を描いてもよい。

T　第1問，上から見たら円，横から見たら長方形，これなーんだ?

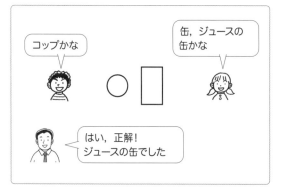

同じように1つずつクイズを出していき，黒板に記録する。大きさのヒントもその都度出していく。

T　上から見ても横から見ても円に見えるものは何でしたか。

C　ドッジボールやテニスボールです。

T　これらのボールのように，どこから見ても円に見える形を球といいます。

実際に転がしてみて，転がり方もまとめておく。

| 準備物 | ・クイズ用グッズ（ジュース缶，ドッジボール，たまごなど）　・球の切断模型
・発泡スチロールの球　QR 掲示用断面図
QR ふりかえりシート　QR 資料「花火の形」 |

ICT 「何だろう」クイズでは，色々なもののシルエットを撮影し，スライドとして順番に児童に提示すると盛り上がる。実際の転がり方も撮影し，提示するとよい。

2

〈球を切ると切り口はどんな形？〉

3

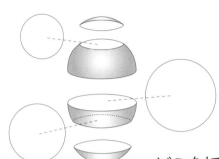

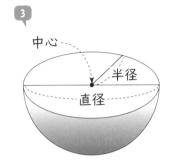

中心　半径　直径

どこを切っても円

> 球は，どこを切っても切り口は円になる。
> また，球の切り口は，中心を通るように半分に
> 切ったときに，いちばん大きくなる。

---

2 球を切ると，切り口はどんな形をしているかな

T　およそ球の形をしたスイカで考えてみましょう。

　スイカなど身近なものでイメージさせると，子どももわかりやすい。

半分に切ると，どんな形かな

円だと思います

…スイカが半分に切って売られているのを見たことがあるよ，大体円の形でした

T　では，真っすぐ上からではなく，斜めに切ったら，切り口はどんな形でしょう。

C　斜めだから，楕円形ではないかな。

　発泡スチロールの球を実際に切って，切り口が円になることを確かめる。（発泡スチロールカッターを使うと便利）

3 切り口がいちばん大きくなるのは，どこを切ったときかな

ちょうど半分に切ったときだと思います

円のときも，円の中心を通る直線がいちばん長かったからです

　学校の備品の立体模型を見せたり，発泡スチロールの球を実際に切ったりして確かめる。

T　球の部分にも名前があります。円と同じで，中心，半径，直径です。（模型と図を示しながら説明する）

　学習のまとめをする。ふりかえりシートを活用する。

球の直径を測る

<table>
<tr><td>本時の目標</td><td>球の直径を測る方法を考えることを通して，球について理解する。</td></tr>
</table>

板書例

ボール（球）がぴったり入る箱をつくろう

1 <直径をはかろう>

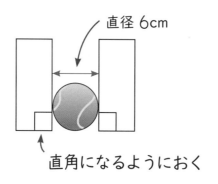

直径 6cm

直角になるようにおく

2 ボール｜この箱

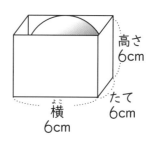

高さ 6cm

たて 6cm

横 6cm

辺の長さは直径

POINT　球が入る箱の大きさを求めるには，球の直径の長さが必要です。直径の測り方を考え，実際に球を並べることで，直径の何

---

1 テニスボール1個がぴったり入る箱を作ろう

各班にテニスボールを1，2個ずつ渡す。

T　箱を作るには，ボールのどこの長さを測ればいいでしょう。

ボールのいちばん長い長さがわかるといいね

ボールの端から端までの長さかな

いちばん長い長さは直径だよ。直径はちょうどボールの半分のところだね

T　では，ボールの直径の長さを測りましょう。どうやって測りますか。

C　ものさしでは…測れないね。

C　ボールに沿って巻尺で…違うね。

テニスボールを見ながら，班で方法を考える。

2 テニスボールの直径を測ってみよう

C　ボールを何か板みたいなもので挟んで，その間の長さを測ったらどうだろう。

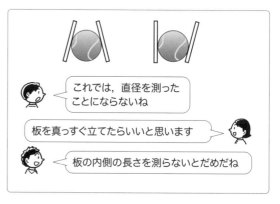

これでは，直径を測ったことにならないね

板を真っすぐ立てたらいいと思います

板の内側の長さを測らないとだめだね

C　板と床が直角になるように立てないときちんと測れません。

班で，国語辞典2冊を使ってボールを挟み，ボールの直径を測定する。どの班も同じ長さになることを確認する。

C　縦，横，高さ6cmの箱を作るといいね。

3
ピンポン玉３こ

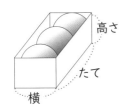

ピンポン玉
１この直径
4cm

たて　4 × 3 ＝ 12　　12cm

横　　4cm

高さ　4cm

4
ピンポン玉６こ

高さ

たて

横

たて　4 × 3 ＝ 12　　12cm

横　　4 × 2 ＝ 8　　　8cm

高さ　4cm

倍の長さになることが理解できます。

---

3 ピンポン玉が３個入る箱の大きさを考えよう

　各班にピンポン玉を１個ずつ渡し，まずは，直径の長さを測定する。4cm であることを確認する。

1個だと，4cm，4cm，4cm の箱になるね

3個だから，長さを3倍にしたらいいのかな

12cm の箱？

どこも3倍にしたら変じゃないかな

Ｔ　あと２個ずつピンポン玉を渡します。３個つなげて並べてみましょう。

　実際に，ピンポン玉を３個並べれば一目瞭然である。箱の１辺の長さが直径の３個分になることが理解できる。あらかじめ箱を作っておき，ぴったりおさまることを見せるとよい。

4 ピンポン玉が６個入る箱の大きさを考えよう

ピンポン玉が縦に３個，横に２個入る箱の大きさは何 cm でしょう

1個の直径は 4cm だから，縦に3個だと，4 × 3 ＝ 12 で 12cm

横に2個だと，4 × 2 ＝ 8 で 8cm，高さは1個分だから 4cm

　実際に作ってみたい児童に工作用紙を渡し，自主学習にする。箱の展開図の学習は４年生になるが，工夫して作る子どもたちも多い。

　学習の感想を書く。ふりかえりシートを活用する。

名
前 ＿＿＿＿＿＿＿＿＿

● コンパスを使って見本と同じもようをかきましょう。

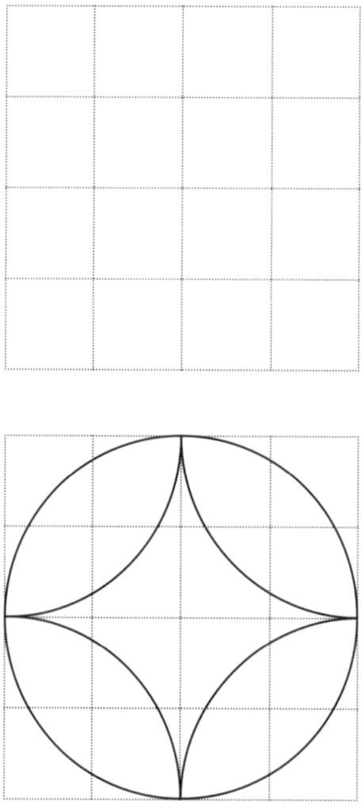

㋒

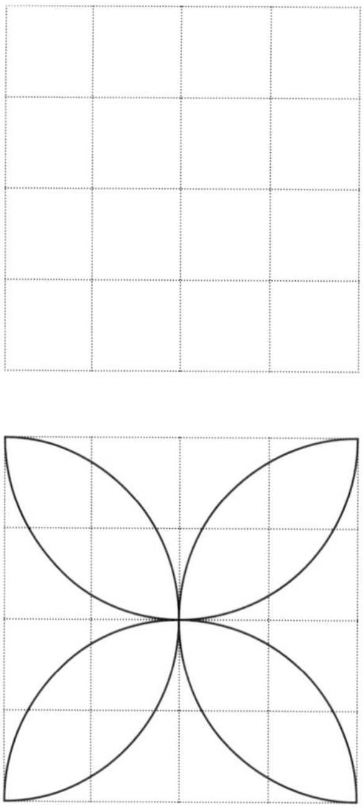

㋓

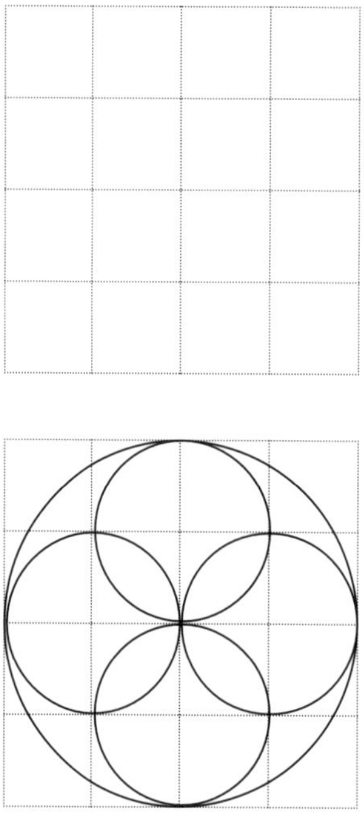

㋐

㋑

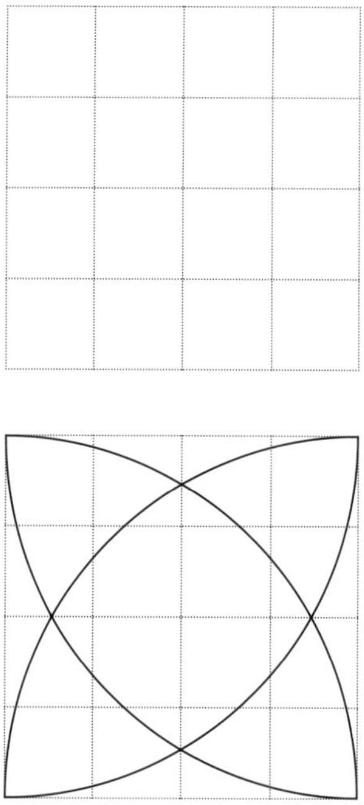

名前

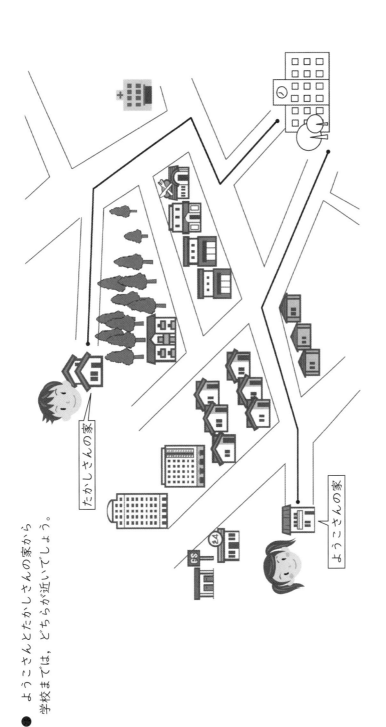

たかしさんの家

ようこさんの家

● ようこさんとたかしさんの家から
学校までは、どちらが近いでしょう。

ようこさん

たかしさん

小　数

◎ 学習にあたって ◎

<この単元で大切にしたいこと>

　量には，りんごや鉛筆，人などのように「１・２・３…」と数えられる量（分離量）と，水のかさやロープの長さ，重さなどのように数えられない量（連続量）があります。数えられない量を数えようとするとき，単位が生まれます。その単位でものをはかるとき，普通は「はした」が出ます。このはしたを表す方法として生まれたのが，小数と分数です。

　小数は，これまで整数で学習してきた「十進位取り記数法」と同じ仕組みで構成されています。つまり，基になる単位ではかって，はしたが出たら，基になる単位を 10 等分した位で表し，さらにはしたが出たら，さらに 10 等分した位で表し，さらにはしたが出たら，…と常に 10 等分して新しい位を作っていきます。日本は元々，割・分・厘のように小数で表されることが多い小数文化圏です。十進構造を大切にして授業を進めます。

<数学的見方考え方と操作活動>

　小数が「十進位取り記数法」であることを納得するためには，量をはかる操作活動が基になります。１辺が 10cm の立方体を 1L として使うと，1L の 10 等分が 10cm × 10cm × 1cm となり，仕組みが明確になります。このますを正面から見た図を使って，大小比較や数直線，そして，たし算ひき算へとつないでいきます。

　小数の「十進位取り記数法」を理解するには，小数第二位，小数第三位まで小数で表した方がよいのですが，本書では，教科書に合わせて小数第一位までの指導にとどめ，小数第二位，小数第三位はより小さい位もあることを位取り表で紹介しています。

<個別最適な学び・協働的な学びのために>

　小数の計算のポイントは，位を揃えること，その次に０の処理です。０を消す場合と０を補う場合があります。このように，位取りと０の処理を型分けして指導することによって，児童のつまずきの原因がわかり，適切な指導にいかすことができます。

知識および技能	小数の意味，表し方，大小関係を理解し，はしたの量を小数で表すことができる。小数第一位までの小数の加減法の意味を理解し，その計算ができる。
思考力，判断力，表現力等	はしたの部分の表し方や整数の計算と関連づけて，小数の加減の計算を考えることができる。
主体的に学習に取り組む態度	小数のよさに気づいて進んで用いたり，身のまわりで小数を探そうとする。

◎ 指導計画　9 時間 ◎

時	題	目　　標
1	1 より小さい数を表す方法	整数で表せないはしたの量を，基準量 (ここでは1L) を 10 等分して小数で表す方法を理解する。
2	小数の意味	小数の意味と，その表し方について理解を深める。
3	長さを小数で表す	長さも小数を用いて表せることを知り，複名数を単名数で表すことができる。
4・5	小数のしくみ	数直線に表された小数を読んだり，数直線に小数を表したりして，小数の仕組みを理解する。
6	小数のたし算 (真小数)	小数第一位までの真小数どうしのたし算の計算の仕方がわかり，その計算ができる。
7	小数のたし算の筆算	小数+小数や，小数+整数などの筆算の仕方がわかり，その計算ができる。
8	小数のひき算 (筆算を含む)	小数どうしのひき算の計算の仕方がわかり，その筆算ができる。
9	小数と整数のひき算の筆算	小数と整数のすべての型のひき算の筆算の仕方を理解し，その筆算ができる。

1より小さい数を表す方法

板書例

ジュースのかさは何 L かな

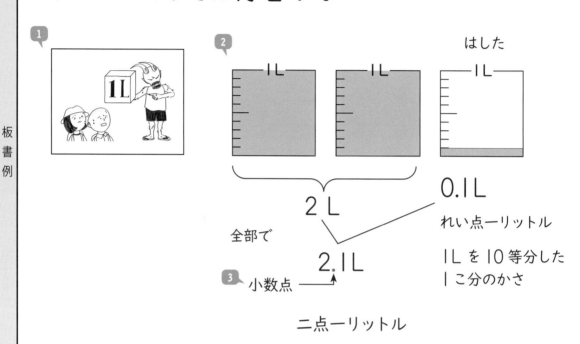

POINT　ジュースのはしたの量は何 L ？図に線をかいたり，ものさしで測ってみたりして，10 等分した 1 個分のかさであることを

1 はしたのジュースの量を調べよう

紙芝居「さんちゃんすうちゃん大冒険」の⑤までを読む。

T　どうしたら助けてあげられるでしょうか。

C　1 L ますに入れてジュースの量をはかってみたらいいよ。

お話の続き⑥を読む。

C　1dL ますは使えないんだ…どうしよう。

C　どうやってはしたのかさを表したらいいのかな。

2 はしたのかさを図に表して考えよう

ワークシート①を使って学習する。

T　ジュースのかさを図に表しました。真正面から見た図です。はしたのかさはどんなかさと言えるか，グループで話し合ってみましょう。

できるだけ児童から 10 等分を引き出すようにする。ものさしを使って長さを測定してもよいことを伝える。

T　1L を 10 等分した 1 個分のかさを，0.1L と書き，れい点一リットルと読みます。

3

| 小　数 | 0.1, 2.1, 0.3, …… |

4

〈かさを小数で表そう〉

①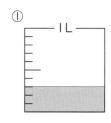

0.1L の 3 こ分

0.3L

れい点三リットル

②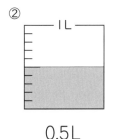

0.5L

③

0.9L

1L より少ないかさは，1L を 10 等分した 0.1L の
いくつ分で表すことができる。

見つけていきます。

**3 やかんのジュースは全部で何 L といえば
いいかな**

C　2 L と，はしたのかさが 0.1 L だから…

C　何と読んだらいいのかな。

T　2 L と 0.1 L を合わせたかさは，2.1 L と書いて，
二点一リットルと読みます。2.1 のような数を小数
といい，「・」を小数点といいます。

お話を最後まで読む。
小数とあわせて，「整数」の用語の説明もする。

 はしたのかさを表すのに
小数を使うんだ

お茶のペットボトルに 1.5 L とあったよ，
あれは一点五リットルと読むのかな

 1 L より少ないかさを L で表すには，
小数を使うといいんだね

4 いろいろなかさを小数で表そう

ワークシート②を使って練習問題をする。

T　それぞれのかさは何 L といえばよいでしょうか。
小数で表してみましょう。

 0.1 の何個分かも書いて
おきましょう

10 等分した 1 個分のかさが 0.1L だから，
0.1L の 3 個分で 0.3L です

0. 1L をもとにして 0. 1L の何個分かで表すことを確認する。

学習のまとめをする。
ふりかえりシートも活用する。

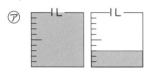

第 **2** 時
小数の意味

本時の目標　小数の意味と，その表し方について理解を深める。

板書例

小数をくわしく調(しら)べよう

1

㋐　　　　　　　　1.3 L
　　　　　　　　　0.1 L の 13 こ分

0.1 L の 10 こ分 ＝ 1L

㋑　　　　　　　0.7 L
　　　　　　　　0.1 L の 7 こ分

2　　＜小数と整数(せいすう)のなかまわけ＞

2

0.1 L の 9 こ分　　0.1 L の 15 こ分

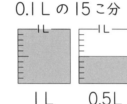

0.9 L　　　　1 L　　　　0.5 L
　　　　　　　1.5L

小数　　小数点がついている数

0.4, 0.9, 1.2,

2.3, 28.5, 90.2 …

整数

0, 1, 5, 18, 21

165, 1000 …

POINT　みんなで身のまわりの小数を探してみましょう。いろいろなところに小数が使われていることがわかります。

1　水のかさを小数で表してみよう

ワークシートを使って学習する。

T　0.1L の何個分かも表してみましょう。

㋐は，1L と 0.3L で 1.3L です。1L は
0.1L の 10 個分，0.3L は 3 個分だから，
合わせて 13 個分です

㋑は 0.7L です。
0.1L の 7 個分に
なります

真小数と帯小数の問題を扱う。1L は 0.1L の 10 個分，
0.1L は 1L を 10 等分した 1 個分であることを再度確認する。
　ノートに小数を書く際に，下の㋐のようになっている場合
がある。小数点は 1 ます使わずに書くことを知らせる。

㋐　×　　　　　　㋑　○

2　水のかさだけ色塗りをしよう

C　1.4L は，1L と 0.4L 塗ればいいね。

　帯小数は，整数と真小数を合わせた数であることを意識さ
せる。

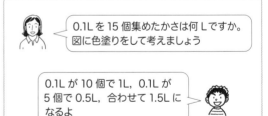

0.1L を 15 個集めたかさは何 L ですか。
図に色塗りをして考えましょう

0.1L が 10 個で 1L，0.1L が
5 個で 0.5L，合わせて 1.5L に
なるよ

　続けて，小数と整数になかま分けをする問題を扱う。

C　小数点がついている数が小数です。

C　0 は小数点がついていないので整数だね。

C　小数でも，0.□という小数と，28.5 のように，
　整数と小数を合わせた小数があるね。

C　0.□は，1 よりも小さい小数だよ。

34

準備物	QR ワークシート QR ふりかえりシート	I C T	「0.1の10個分＝1」という概念は，黒板のみの説明だけでは，理解が難しい。0.1 から，次第に増えていく様子を動画や画像で撮影しながら，児童のタブレットに送信しておくとよい。

4

〈28.5 という数について調べよう〉

10 集まると 1 つ上の位へ上がる

0.1 を 10 こ集めた数は 1

---

3 身のまわりから小数を見つけよう

T 小数は，身のまわりでもたくさん使われています。
　みんなが知っている小数を発表しましょう。

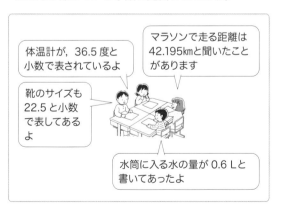

体温計が，36.5 度と小数で表されているよ

マラソンで走る距離は 42.195km と聞いたことがあります

靴のサイズも 22.5 と小数で表してあるよ

水筒に入る水の量が 0.6 L と書いてあったよ

　小数が表示されている写真等を準備しておき，皆で共有するとよい。また，子どもたちに，家で見つけた小数をタブレット等で撮影する活動を取り入れてもよい。

4 28.5 という数について調べよう

T 28. 5 の 2, 8, 5 は，それぞれ何の位の数字ですか。

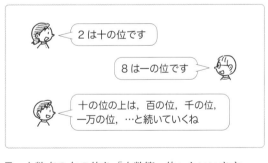

2 は十の位です

8 は一の位です

十の位の上は，百の位，千の位，一万の位，…と続いていくね

T 小数点の右の位を「小数第一位」といいます。

　どの位も十進構造 (10 集まると上の位に上がる) になっていることに触れておく。

C 0.1 を 10 個集めると 1 になるね。

　小数第二位は 4 年生で学習するが，十進構造の説明で，触れておいてもよい。
　ふりかえりシートも活用する。

第 **3** 時
長さを小数で表す

<table>
<tr><td rowspan="2">本時の目標</td><td>長さも小数を用いて表せることを知り，複名数を単名数で表すことができる。</td></tr>
</table>

板書例

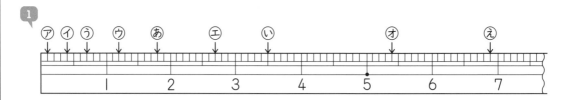

長さを小数で表そう

① ⑦ 1mm　1cm を 10 こに分けた 1 こ分

$$1mm = 0.1cm$$

② ④ 4mm
0.4cm（0.1cm の 4 こ分）

⑦ 1cm 2mm
1.2cm　（0.1cm の 12 こ分）

⑦ 2cm 7mm
2.7cm　（0.1cm の 27 こ分）

⑦ 5cm 4mm
5.4cm　（0.1cm の 54 こ分）

POINT　複名数⇔単名数は，表に数を書き入れてみるとよくわかります。

1　1mm を cm で表すことができるかな

ワークシートを使って学習する。

T　⑦の目盛りはいくつですか。

C　1mm です。他の言い方があるのかな？

T　1mm を他に表す方法がないでしょうか。cm を使って表してみましょう。

C　cm？ 1mm は 1cm もないけど…

C　1L に満たないかさを小数で表したね。小数を使えば表せそうだね。

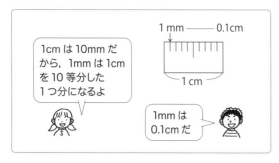

長さもかさと同じように小数で表せることを学習する。

2　小数を使って長さを表してみよう

④〜⑦の目盛りの長さを小数で表す練習をする。

C　④は 4mm，1mm が 0.1cm だから，4mm は 0.1cm の 4 個分で 0.4cm になります。

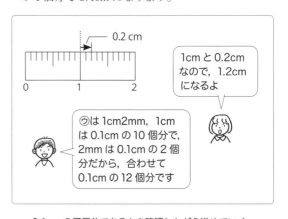

0.1cm の何個分であるかを確認しながら進めていく。

ここでも，真小数と帯小数を扱い，帯小数は，整数と真小数を合わせた数であることを意識させる。

3

＜ cm と mm で表そう＞

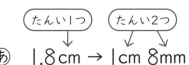

- あ　1.8cm → 1cm 8mm
- い　3.5cm → 3cm 5mm
- う　0.7cm → 7mm
- え　6.9cm → 6cm 9mm

cm	mm
1	8
3	5
0	7
6	9

小数を使えば，1つの単位で長さやかさを表すことができる。

---

3 小数で表した長さを cm と mm で表そう

T　1.8cm はどこになるか，ものさしに矢印をかきましょう。

　まずは，ものさしに 1.8cm がどこかを記入させ，複名数で表していく。

C　1.8cm は，1cm と 0.8cm，0.8cm は 0.1cm の8個分で 8mm になるよ。1.8cm は 1cm8mm になります。

　はじめは，ものさしの目盛りを見ながら2通りの表し方を確かめていく。同時に，0.1cm の何個分かも表す練習をする。次時の数直線につながる学習となる。

---

4 1つの単位（L）でかさを表そう

T　かさも L だけで表してみましょう。

　L と dL，dL で表されたかさを L で表す練習をする。表を使って確かめる。

　右のように整数部分が2桁になる小数も扱っておくとよい。

cm		mm
1	0	6

　学習のまとめをする。
　ふりかえりシートも活用する。

板書例

数直線を使って小数のしくみを調べよう

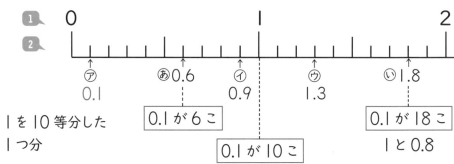

1を10等分した
1つ分

0.1 が 6 こ

0.1 が 10 こ

0.1 が 18 こ

1 と 0.8

4 <大きさくらべ>

上の位から

くらべる

① 0.6 < 0.9　　② 1 > 0.9　　③ 1.8 < 2.3

一の位	小数第一位
0	6
0	9

一の位	小数第一位
1	
0	9

一の位	小数第一位
1	8
2	3

POINT　数直線を見ると，小数の大小関係がよく見えます。また，位取り表に書き表すと，小数の仕組みがよく見えてきます。

1 数直線の小数を読んでみよう

　ワークシートを使って学習する。
　数直線を提示し，教師が0と1の目盛りに数字を書き入れ，その後，児童が2と3の数字を書き入れる。

T　⑦の目盛りはいくつですか。

⑦は，0.1です。1を10等分した1つ分だからです

1cmを10等分した1つ分は0.1cmだったから，同じように考えたらいいね

　⑦がなぜ0.1になるのか理由も言えるようにする。
　④〜⑦の目盛りも小数で表していく。

T　それぞれ，0.1の何個分かも考えましょう。
C　④は0.1の9個分で，0.9です。
C　⑦は0.1の13個分で，1.3です。
C　1と0.3で1.3とも考えられます。

2 小数を数直線に表してみよう

T　数直線に表してください。理由も説明しましょう。

1目盛りは0.1だから，0.6は6目盛りのところになります

3.1は，0.1の31個分になります

3.1は，3と0.1と考えた方がわかりやすいと思うよ

　前時の長さの小数から，本時は数直線として一般化する。

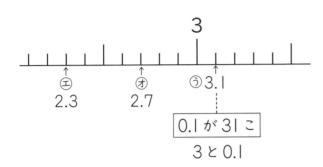

3

⊕ 2.3　　ⓞ 2.7　　ⓒ 3.1

右にある方が
大きい数

0.1 が 31 こ
3 と 0.1

④　3 ＞ 2.7

一の位	小数 第一位
3	
2	. 7

⑤　0 ＜ 0.1

一の位	小数 第一位
0	
0	. 1

3　数直線を使って小数の大きさを考えよう

T　（　）にあてはまる数を書きましょう。

① 0.7 は 0.1 を（　）こ集めた数

② 1.6 は 0.1 を（　）こ集めた数

③ 0.1 を 4 こ集めた数は（　　）

④ 0.1 を 23 こ集めた数は（　　）

⑤ 2.7 は 1 を（　　）ことと 0.1 を（　　）こ
あわせた数

0.1 を 23 個集めた数は
いくつですか

0.1 が 10 個で 1 です。だから，0.1 が
20 個で 2 になります。0.1 が 3 個で 0.3
なので，0.1 を 23 個集めた数は 2.3 に
なります

それぞれ数直線の目盛りを見ながら答えを確かめていく。

4　小数の大小関係を調べよう

T　0.6 と 0.9 ではどちらが大きいでしょう。どうやって比べたらいいでしょう。

0.6 は 0.1 を 6 個集めた数，0.9 は 0.1
を 9 個集めた数だから，0.9 の方が
大きいです

数直線に表してみたらすぐ
にわかります。数直線で右
にある方が大きい数です

大きな数の学習のときに，表を使って
調べました。位の表に書いて，上の位
から比べていきます

これまでの学習を生かして，それぞれ比べる方法を考える。数直線や位の表で答えを確認する。

ふりかえりシートも活用する。

小数のたし算（真小数）

板書例

小数のたし算のしかたを考えよう

1

> ジュースが 0.6L と，0.3L あります。
> あわせて何 L になりますか。

式　0.6 ＋ 0.3

0.6 L　　　　　0.3 L

0.1 L の 6 こ分　　0.1 L の 3 こ分

合わせて

0.1 L の 9 こ分 ＝ 0.9 L

答え　0.9 L

2

< 0.6 ＋ 0.4 ＝ 1 の計算を考えよう >

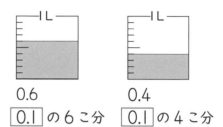

0.6　　　　　0.4

0.1 の 6 こ分　　0.1 の 4 こ分

0.1 の 10 こ分 ＝ 1

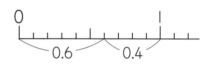

0　　　　　　　　1
0.6　　0.4

POINT 小数のたし算は，0.1 がいくつあるかで考えましょう。答えは数直線で確かめることもできます。

---

1 0.6L と 0.3L を合わせると何 L になりますか

ワークシートを使って学習する。

C　合わせてだから，式は 0.6 ＋ 0.3 になります。

T　図を見て考えましょう。

> 0.3 L を 0.6 L の方に入れたら，3 目盛り分増えるね

> 0.6 L は 0.1 L の 6 個分で，0.3 L は 0.1 L の 3 個分だから，合わせると 0.1 L の 9 個分になるよ

C　0.1 L の 9 個分だから，0.9 L になります。

C　0.6 ＋ 0.3 ＝ 0.9 です。

T　0.6 ＋ 0.3 は，0.1 をもとにして，6 ＋ 3 の計算で考えることができます。

C　0.1 が何個になるか考えるといいんだね。

2 0.6 ＋ 0.4 ＝ 1 の計算を考えよう

T　0.6 ＋ 0.4 ＝ 1 になります。この計算の仕方を説明しましょう。

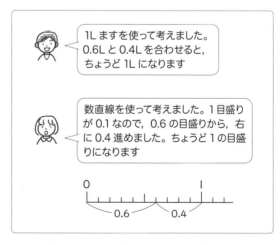

> 1L ますを使って考えました。0.6L と 0.4L を合わせると，ちょうど 1L になります

> 数直線を使って考えました。1 目盛りが 0.1 なので，0.6 の目盛りから，右に 0.4 進めました。ちょうど 1 の目盛りになります

0　　　　　　　　1
0.6　　0.4

C　0.1 をもとにして考えるとよかったね。0.1 が 6 個と 4 個で 10 個。0.1 が 10 個なので答えは 1 になります。

3 **< 0.8 + 0.5 を計算しよう>**

0.8   0.5
$\boxed{0.1}$ の 8 こ分 $\boxed{0.1}$ の 5 こ分

0.1 の（8 + 5）13 こ分   0.8 + 0.5 = 1.3

0.1 の 13 こ分 = 1.3

> 小数のたし算は，0.1 をもとにすると，
> 整数（せいすう）のたし算と同じように計算できる。

3　0.8 + 0.5 の計算の仕方を考えよう

C　同じように 0.1 の何個分かで考えて計算してみよう。

> 0.8 は 0.1 が 8 個，0.5 は 0.1 が 5 個です。だから，合わせると，0.1 が 13 個になります

> 0.1 が 8 + 5 = 13 と考えるんだね

> 0.1 が 10 個で 1 なので，答えは 1.3 になります

> 0.8 + 0.5 = 1.3 です

数直線で答えを確かめる。

4　小数のたし算の練習問題をしよう

練習問題をする。

① 0.4 + 0.5　　　　② 0.9 + 0.2
③ 0.7 + 0.6　　　　④ 0.3 + 0.7

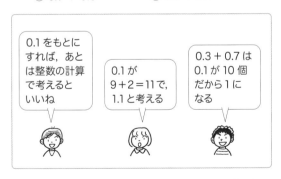

> 0.1 をもとにすれば，あとは整数の計算で考えるといいね

> 0.1 が 9 + 2 = 11 で，1.1 と考える

> 0.3 + 0.7 は 0.1 が 10 個だから 1 になる

整数の計算で考えた後，答えを小数にすることを忘れないように注意する。

学習のまとめをする。
ふりかえりシートも活用する。

第 **7** 時

小数のたし算の筆算

本時の目標：小数＋小数や，小数＋整数などの筆算の仕方がわかり，その計算ができる。

板書例

小数のたし算の筆算（ひっさん）のしかたを考えよう

1

> ジュースが 1.5dL と，1.2dL あります。
> あわせて何 dL ですか。

式　1.5 ＋ 1.2

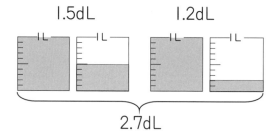

1.5dL　　　　1.2dL

2.7dL

答え　2.7dL

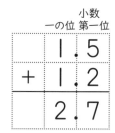

小数
一の位　第一位

```
    1 . 5
 +  1 . 2
    2 . 7
```

＜筆算のしかた＞

❶ 位（くらい）をそろえて書く。

❷ 整数のたし算と
　同じように計算する。

❸ 上の小数点にそろえて
　答えの小数点をうつ。

POINT　筆算の仕方❶，❷，❸に沿って確かめながら計算しましょう。計算枠を使って位を揃えることに慣れましょう。

1　1.5dL と 1.2dL を合わせると何 dL になりますか

ワークシートを使って学習する。

C　式は，1.5 ＋ 1.2 です。

1dL ますの図に 1.5dL と 1.2dL を表して，合わせて 2.7dL になることを確かめる。

1.5 ＋ 1.2 を
筆算でやって
みましょう

整数のたし算と
同じようにした
らいいのかな

5 ＋ 2 ＝ 7，
1 ＋ 1 ＝ 2 で 27
になるよ。この
27 は，0.1 が 27
個という意味だか
ら，答えは 2.7 に
なるんだね

筆算の仕方❶〜❸をまとめ，確認する。

答えの小数点を忘れないよう気をつける。

T　もう一度，❶〜❸の順に筆算をしてみましょう。

2　2.8 ＋ 1.5 の筆算をしてみよう

T　❶〜❸の順に計算してみましょう。

まずは，位を揃えて書く。
次に，整数のたし算と同じよ
うに計算する。小数第一位
の計算からする。
8 ＋ 5 ＝ 13 で 1 繰り上がる。
一の位の計算は，
2 ＋ 1 ＋ 1 で 4
最後に，上の小数点にあわ
せて答えの小数点を打つ

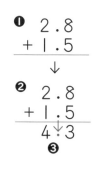

```
❶   2 . 8
 + 1 . 5
     ↓
❷   2 . 8
 + 1 . 5
    4 . 3
     ❸
```

C　0.1 を 28 個と，0.1 を 15 個たすと，0.1 が 43 個になる。この 43 は 0.1 が 43 個という意味だね。

C　0.1 が 43 個は 4.3，だから，答えに小数点を打たないといけないんだね。

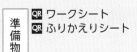

2

$$\begin{array}{r} 2.8 \\ +\ 1.5 \\ \hline 4.3 \end{array}$$

…0.1 が 28 こ
…0.1 が 15 こ
…0.1 が 43 こ

3

$$\begin{array}{r} 2.1 \\ +\ 1.9 \\ \hline 4.0① \end{array}$$

0 は
かならず消す

4

小数
一の位　第一位

$$\begin{array}{r} 2.6 \\ +\ 5.0 \\ \hline 7.6 \end{array}$$

5 は
5.0 と考える

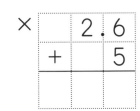

位がそろっていない

> 小数のたし算は，位をそろえて計算する。
> 答えに小数点をわすれない。いらない 0 は消す。

3　2.1 + 1.9 の筆算をしてみよう

C　❶〜❸の順にやってみよう。

小数第一位は 1 + 9 = 10
で 0，一の位に 1 繰り上がる。
一の位は，2 + 1 + 1 で 4

小数点を打って，答えは
「4.0」になりました

T　「4.0」は「4」と同じなので，「0」を消しておきましょう。

　　0 の消し方は，4.0 と 0 だけを消す方法と，4.0 と小数点も消す方法があるが，ここでは，0 だけを消す方法にしておく。

4　2.6 + 5 の筆算をしてみよう

まずは，
「位を揃えて書く」，あれ？今までと少し違うよ

5 はどちらに揃えて書いたらいいのかな

5 は一の位の数だから，2 に揃えて書かないといけないね

T　「5」は「5.0」と考えたら位がわかりやすいですね。
　　間違えないように気をつけましょう。

　　たし算の筆算の練習問題をする。「小数＋小数」の繰り上がりなし，あり，「小数＋整数」「整数＋小数」の型の問題をする。

　　学習のまとめをする。
　　ふりかえりシートも活用する。

小数のひき算（筆算を含む）

板書例

小数のひき算の筆算のしかたを考えよう

1 0.6L あった牛にゅうを 0.2L 飲みました。のこりは何 L ですか。

式　0.6 − 0.2

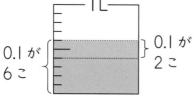

0.1 が 6 こ　　　0.1 が 2 こ

答え　0.4L

2 ＜ 1 − 0.3 の計算のしかた＞

1 は 0.1 を 10 こ集めた数

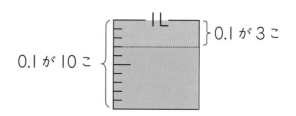

0.1 が 10 こ　　　0.1 が 3 こ

1 − 0.3 = 0.7

POINT　小数のひき算も，❶，❷，❸の順にしましょう。0 の扱いには十分注意しましょう。

1 0.6L あった牛乳を 0.2L 飲むと，残りは何 L になりますか

ワークシートを使って学習する。

C　残りを求めるから，式は 0.6 − 0.2 です。

T　図を見て考えましょう。

1 目盛りが 0.1L だね。
0.6L は 0.1L の 6 個分だ

0.2L は 0.1L の 2 個分だから，目盛り 2 個分をひいたらいいね

C　6 − 2 = 4 で，0.1L が 4 個分だから，0.4L になります。

C　たし算のときと同じように，0.1 をもとにして考えるといいんだね。

2 1 − 0.3 の計算の仕方を考えよう

T　1 − 0.3 の計算の仕方を説明してみましょう。

C　1 は 0.1 を 10 個集めた数だったね。

1L ますを使って考えました。
0.1 の 10 個分から 3 個分をひくので残りは 7 個分になります
0.1 の 7 個分なので答えは 0.7 です

C　1 − 0.3 = 0.7 になります。

数直線を使って答えを確かめる。

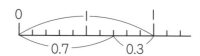

0.7　　0.3

準備物	QR ワークシート QR ふりかえりシート	ICT	筆算の計算の仕方，順序を1つのシートにまとめて，児童のタブレットに送信しておく。児童自身が理解に合わせて，見返しながら学習を進めることができる。	

3

3.6L あった牛にゅうを 1.2L
飲みました。のこりは何 L ですか。

式　3.6 − 1.2

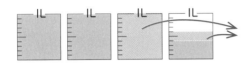

答え　2.4L

```
   3 . 6
 − 1 . 2
───────
   2 . 4
```

＜筆算のしかた＞

❶ 位をそろえて書く。

❷ 整数のひき算と同じように
　計算する。

❸ 上の小数点にそろえて
　答えの小数点をうつ。

4

㋐
```
     2
   3 . 1
 − 1 . 9
───────
   1 . 2
```

㋑
```
   4 . 3
 − 2 . 3
───────
   2 . 0
```
0 は
かならず消す

3　3.6L あった牛乳を 1.2L 飲むと，
残りは何 L になりますか

C　式は，3.6 − 1.2 です。

C　位ごとに計算すると，答えは 2.4L になったよ。

C　0.1 L が 36 個− 12 個＝ 24 個と考えてみたよ。

　1L ますを使った図に表し，答えを確かめる。

T　小数のひき算も筆算でできるかやってみましょう。

たし算で習った順番通りに
やってみよう

位を
揃えて書く

整数のひき算
と同じように
計算する

最後に，上の小数点に
揃えて小数点を打つ

　たし算の筆算を学習しているので，特に問題なく筆算をする子が多いが，筆算の仕方を全体で確かめる。

4　㋐ 3.1 − 1.9 や，㋑ 4.3 − 2.3 の筆算の
仕方を説明しよう

　繰り下がりのある計算や，小数第一位の答えが 0 になる計算を扱う。

4.3 − 2.3 を位を揃えて計算すると，小数第一位の答えが 0 になりました。たし算のときにこの 0 は消したので，同じように 0 を消して答えは 2 になります

　小数のひき算も，基本的にはたし算と同じ考え方で計算できることを児童が気づけるように進めるとよい。

T　練習問題をしましょう。

　小数の筆算そのものの躓きより，繰り下がりの計算で躓く子どもも多い。個別指導をしながら進める。

　学習のまとめをする。ふりかえりシートも活用する。

小数と整数のひき算の筆算

板書例

小数と整数のひき算の筆算のしかたを考えよう

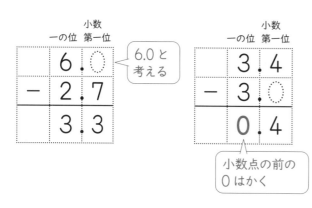

1 ① 6 − 2.7

2 ③ 3.4 − 3

3 ＜ 46 − 3.5 の筆算＞

	小数 一の位 第一位
	6 . 0
−	2 . 7
	3 . 3

6.0 と考える

	小数 一の位 第一位
	3 . 4
−	3 . 0
	0 . 4

小数点の前の 0 はかく

⑦ ×

	4 6
−	3 . 5

⑦

	十の位 一の位 小数 第一位
	4 6 . 0
−	3 . 5
	4 2 . 5

位をそろえてかく

(POINT) 型分けに沿って筆算の違いを見つけ，それぞれ気をつけなければいけないことを確かめましょう。

---

1 6 − 2.7 の筆算の仕方を考えよう

ワークシートを使って学習する。

> 位を揃えて書くので，6 は一の位に書かないといけないね

> たし算のときも同じような計算があったよ

> でも，どうやって計算したらいいんだろう

T　6 − 2.7 のような計算のときは，右のように考えて計算しましょう。

	6 . 0
−	2 . 7

C　6 を 6.0 と考える。

C　計算は 60 − 27 = 33 として，33 に小数点をつけるといいね。

同じ型の 7.2 − 4 の筆算をする。

2 3.4 − 3 の筆算の仕方を考えよう

T　気をつけなければいけないことは何ですか。

C　これも位を揃えて書くことが大切です。

C　3 を 3.0 と考えて計算します。

> 小数第一位は 4 − 0 で 4，一の位は 3 − 3 で 0，0 は書かなくてもいいのかな…

	3 . 4
−	3 . 0
	. 4

> 上に揃えて小数点を打つと，「.4」となるよ。それは変だね

T　3.4 − 3 の答えは，「0.4」になります。小数点の前には 0 を忘れずに書きましょう。

C　0 は要注意だね。

同じ型の 7.5 − 6.7 の筆算をする。

4

＜れんしゅう＞

①
$$
\begin{array}{r}
6.3 \\
-\ 5.7 \\
\hline
0.6
\end{array}
$$

②
$$
\begin{array}{r}
7.2 \\
-\ 4.0 \\
\hline
3.2
\end{array}
$$

③
$$
\begin{array}{r}
5.8 \\
-\ 5.0 \\
\hline
0.8
\end{array}
$$

④
$$
\begin{array}{r}
13.0 \\
-\ 5.3 \\
\hline
7.7
\end{array}
$$

⑤
$$
\begin{array}{r}
10.0 \\
-\ 2.8 \\
\hline
7.2
\end{array}
$$

⑥
$$
\begin{array}{r}
10.0 \\
-\ 9.7 \\
\hline
0.3
\end{array}
$$

---

3 46 − 3.5 の筆算をしてみよう

T ㋐と㋑，どちらの筆算の書き方が正しいでしょうか。

> 46 の 4 は十の位で，6 は一の位だね

> 位を揃えてあるのは，㋑の方です

> 46 のように 2 桁の数の場合もあるんだね，気をつけよう

C 46 も「46.0」と考えて計算したらいいね。

C 繰り下がりにも気をつけて計算しよう。

　小数と整数のひき算の筆算では，位を揃えて書くことと，整数に「. 0」をつけ加えて計算を考えることを丁寧に指導する。

4 0 に気をつけて練習問題をしよう

　いろいろな型の小数のひき算の練習問題をする。

① 6.3 − 5.7　　② 7.2 − 4　　③ 5.8 − 5
④ 13 − 5.3　　⑤ 10 − 2.8　　⑥ 10 − 9.7

　小数のひき算は，小数のたし算以上に，いろいろな筆算の型がある。それぞれの型の注意点を確認しながら，丁寧に進めるとよい。

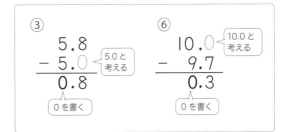

　学習のまとめをする。
　ふりかえりシートも活用する。

名前 _____

● 次のかさは何 L といえばいいですか。小数で表しましょう。

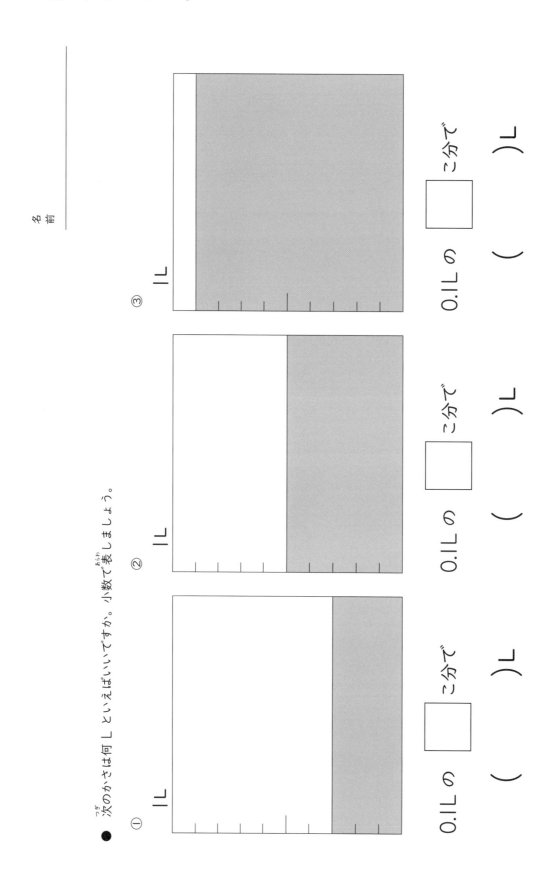

① 1L

0.1L の [　] こ分で

（　）L

② 1L

0.1L の [　] こ分で

（　）L

③ 1L

0.1L の [　] こ分で

（　）L

第4・5時　ワークシート

名前 _____

1

① 数直線に、2と3を書きましょう。

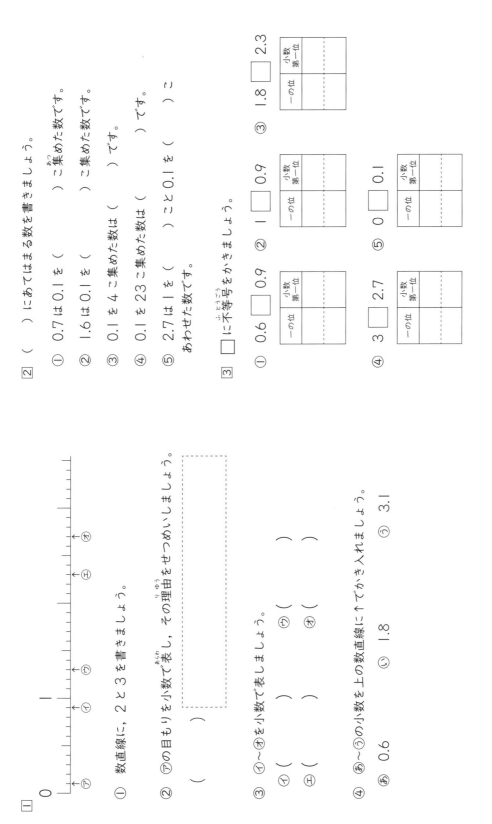

0　　　　　　1

㋐　　㋑　　㋒　　㋓　　㋔　㋕

② ㋐の目もりを小数で表し、その理由をせつめいしましょう。

（　　　　　）

[　　　　　　　　　　　]

③ ㋑～㋕を小数で表しましょう。

㋑（　　　）　　㋒（　　　）

㋓（　　　）　　㋔（　　　）

④ あ～うの小数を上の数直線に↑できき入れましょう。

あ 0.6　　い 1.8　　う 3.1

---

2 （　　）にあてはまる数を書きましょう。

① 0.7は0.1を（　　）こ集めた数です。

② 1.6は0.1を（　　）こ集めた数です。

③ 0.1を4こ集めた数は（　　　）です。

④ 0.1を23こ集めた数は（　　　）です。

⑤ 2.7は1を（　　）ことと0.1を（　　）こ
あわせた数です。

3 □に不等号をかきましょう。

① 0.6 □ 0.9　　② 1 □ 0.9　　③ 1.8 □ 2.3

一の位	小数第一位

一の位	小数第一位

一の位	小数第一位

④ 3 □ 2.7　　⑤ 0 □ 0.1

一の位	小数第一位

一の位	小数第一位

重　さ

◎ 学習にあたって ◎

<この単元で大切にしたいこと>

　　重さは目に見えない量です。ですから，子どもたちにとって身近なようで身近ではありません。
　　色々なものを持たせて重さを比較する，色々な種類の秤を使って重さを測定する等の活動は，とても貴重な経験になります。手間暇かかる授業ですが，その手間を惜しまないことが必要です。

<数学的見方考え方と操作活動>

　　ものさし（長さ）やメスシリンダー（液量）の目盛りを読むことが苦手な子が少なくありません。これは，任意（個別）単位の認識が不足していることに原因の 1 つがあります。鉛筆など身近にある複数のもので，「あるものの重さが鉛筆○個分の重さ」というように表現させる事を大切にします。さらには，台秤の目盛りを自分たちでつけていくことで，台秤の目盛りの仕組みを理解し，目盛りを読み取ることにつながっていきます。体験に根ざした認識づくりを心掛けます。

<個別最適な学び・協働的な学びのために>

　　重さの比較の方法，根拠，表現など 3 年生の子どもには，想起しにくいところがたくさんあります。そうした難しさを班やクラスで考えを出し合いながら，お互い認め合いながら進めることがとても大切ですし，そこを越えることで学びがより深くなります。

◎ 評　価 ◎

知識および技能	重さの単位とその関係，秤の目盛りの読み方や使い方を理解し，適切な計器を用いて重さを量ることができる。
思考力，判断力，表現力等	加法性や保存性など，重さ本来の性質を探究し，重さの普遍単位を用いるよさを認めて，重さを数値で表現しようとする。
主体的に学習に取り組む態度	既習の長さや液量と関連づけて，重さの測定の仕方や単位の構成などについて，考えながら操作活動をしようとする。また，身のまわりにあるものの重さに関心を持とうとする。

時	題	目　　　　標
1	重さの直接比較	重さを直接比較する方法を考えることができる。
2	重さの間接比較	あるものを仲立ちとして重さを比べることができる。
3	筆箱チャンピオンゲーム （任意単位）	重さを任意単位で数値化して表すことができる。
4	重さの普遍単位	普遍単位の「g」を知り，1g の1円玉を分銅 にして測定することができる。
やって みよう①	上皿自動秤の目盛り	1kg 上皿自動秤，2kg 上皿自動秤の目盛りを読むことができる。
5	上皿自動秤の使い方	1kg 上皿自動秤の目盛りを読むことができる。
6	重いものの単位 (kg)	重さを表す単位「kg」を知り，1kg ＝ 1000g の関係が理解できる。
7	重さのたし算・ひき算	長さの外延量と同時に重さも加法性が成り立つことを理解する。
8	単位の関係	長さ，重さ，かさのそれぞれの量の単位の関係を知り，単位について理解を深める。
9	重さの保存性 ①	ものの重さは，形を変えても変わらないことが理解できる。
やって みよう②	重さの保存性 ②	沈んでも，浮いても，溶けて見えなくなっても，重さは変わらないことを理解する。

重さの直接比較

板書例

どちらが重いかな

① 大きさのちがうレンガ
　　どちらもレンガ

　レンガ㋐　　　大きい
　レンガ㋑　　　小さい

　同じものでできているので
　大きさを見ればわかる

　　　目で見てわかる　➡　　手で持ってみる

② 同じ大きさのレンガ

　レンガ㋒　　　ほんもの
　レンガ㋔　　　にせもの

　手に持って重さをくらべる

POINT レンガ㋒と㋔，鉄球と大理石を全員が実際に手で持ってみましょう。全員が終わるまでは結果を声に出して言わないように

1 **2つのレンガ㋐と㋑があります。どちらが重いかな**

㋐大きいレンガと㋑小さいレンガを準備して，児童に見せる。

T　この2つのレンガはどちらが重いでしょう。

大きい方が重いに決まっているよ

どちらもレンガなら，大きい方が重いよ

見ただけでわかります

児童数人に㋐と㋑を持たせてみる。

C　㋐の方が，ずっと重いよ。
C　同じものでできていて，大きさがはっきり違う場合は，見ただけで比べられるね。

2 **2つのレンガ㋒と㋔があります。どちらが重いかな**

㋒レンガと㋔偽物のレンガ（スポンジなどをレンガ色に塗ったもの）を準備して，児童に見せる。㋒と㋔は同じ大きさにしておく。

T　次に，この2つのレンガはどうでしょう。
C　同じ大きさだから重さも同じかな。

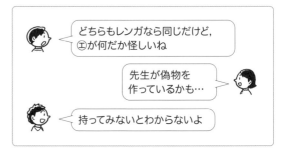

どちらもレンガなら同じだけど，㋔が何だか怪しいね

先生が偽物を作っているかも…

持ってみないとわからないよ

児童全員に㋒と㋔を持たせて，重さを比べさせる。

C　やっぱり，持ってみたら㋒の方が重いね。
C　同じ大きさでも，違うものでできているから重さは違うね。

| 準備物 | ・大理石　　・鉄球　　・レンガ大小
・偽物のレンガ（スポンジなどをレンガ色に
　塗ったもの）　・天秤（教師用）
QR 画像「どちらが重いかな」 | ICT | 教材を教室に運び入れることが難しい
場合は，動画を撮影しておく。動画は，
学年団で共有すると便利。動画を使っ
て，授業を進め，児童の興味を湧かせる。 |

③　鉄球(てっきゅう) と 大理石(だいりせき)　　　どちらが重い？

鉄球　　　　15人

大理石　　　13人

手で持ってもよくわからない

てんびんを使(つか)ってくらべる

ばねにぶら下げる

➡　　　道具を使う

重い方へかたむく

注意しましょう。

3 鉄球と大理石があります。どちらが重いか手で持ってみよう

児童全員に２つを持たせて，重さを比べさせる。

持ってもよくわからないな

うーん，鉄の方がずっしりとくるような気がするけど

どちらの方が重いと感じたか挙手させる。

T　どちらも同じくらいでしたね。何を使って調べたらどちらが重いかわかるでしょうか。

C　天秤かな？重い方に傾くからわかるよ。

C　ばねにぶら下げてみたらどうかな？

　手に触れる面積の広さなどで，重さの感じ方も変わってくる。大人でも迷う鉄球と大理石は，重さ比べに相応しいものである。

4 重さ比べでわかったことをまとめよう

C　同じものでできていたら，目で見て大きさで重さを比べることができます。

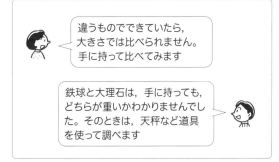

違うものでできていたら，大きさでは比べられません。手に持って比べてみます

鉄球と大理石は，手に持っても，どちらが重いかわかりませんでした。そのときは，天秤など道具を使って調べます

今日の感想を書く。

C　大きくても，綿でできていたら軽いので，大きさではわからないと思いました。

C　手で比べるのも正しいかどうかわからないので，何か道具を使って重さを調べるのがいいと思いました。

板書例

ボールと同じ重さのものをさがそう

1 ゴムボール

１こしかない

どうする？ → ゴムボールと同じ重さのものをさがす

ゴムボールとマジックペンが同じ重さ

2 ＜マジックペンを使って同じ重さのものをさがそう＞

3
・セロハンテープ
・えん筆　　７本
・チョーク　12本
　　　　　⋮

マジックペンと
同じ重さ　　＝　　ゴムボールと
同じ重さ

POINT　1回目は，直接比較でマジックペンなどを探します。2回目は，そのマジックペンを仲立ちとして，いろいろなものの

---

1 ゴムボールと同じ重さのものをたくさん探してみよう

　各班に天秤を準備する。

T　どうやって調べたらいいでしょう。

C　天秤の一方にボールを載せて，もう一方にいろいろなものを載せていけばわかるね。

T　このボールは１個しかない，先生の大切なボールなんです。どうしましょう。

> ボールと同じ重さのものを見つけたらどうかな
>
> それをボールの代わりにして，いろいろなものと比べる

　ボールの重さに近いものを探し，教師が天秤で比べてみる。

C　マジックペンが同じくらいの重さだったね。

2 マジックペンを使ってボールと同じ重さのものを探してみよう

C　ボールは１個しかないから，ボールと同じ重さのマジックペンを使えばいいんだね。

T　２種類のものを合わせたり，同じものを何個か合わせてもいいですよ。

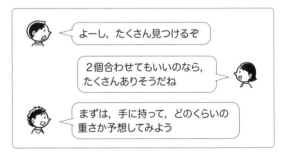

> よーし，たくさん見つけるぞ
>
> ２個合わせてもいいのなら，たくさんありそうだね
>
> まずは，手に持って，どのくらいの重さか予想してみよう

　同じ重さのものを探す作業は限定的なため，「合わせ技」という方法を許容し，子どもたちの発想ややる気を倍増させる。また，取りあえず天秤に載せて比べるのではなく，まずは手に持ち，物の量感を掴みながら比べることも大切である。

T　後で発表してもらうので，ノートに記録しておきましょう。

| 準備物 | ・ゴムボール1個
・児童用天秤（班の数）
・教室にあるいろいろなもの（マジックペン，
　セロハンテープ，ホッチキス，チョークなど） | ICT | 教室内，校舎内，家庭などボールと同じ重さのものを探して，タブレットで撮影をする。撮影した画像を友達と見せ合いながら，楽しく学び合いをする。 |

4

〈はじめのくらべ方〉

1こしかないゴムボールを使ってくらべた。

ゴムボールとマジックペンが同じ重さ。

〈次のくらべ方〉

マジックペンを使えば，ゴムボールと同じ
重さのものがわかる。

> 重さは，同じ重さのものをかわりに使うことができる。

重さを比べます。

3　ボールと同じ重さのものを発表しよう

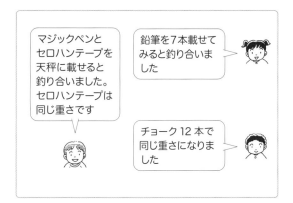

マジックペンと
セロハンテープを
天秤に載せると
釣り合いました。
セロハンテープは
同じ重さです

鉛筆を7本載せて
みると釣り合いま
した

チョーク12本で
同じ重さになりま
した

T　これらは，何と同じ重さのものですか。
C　マジックペンです。
C　マジックペンもだけど，先生のゴムボールと同じ
　重さです。

4　重さ調べでわかったことをまとめよう

T　ゴムボールと同じ重さのものを探すために，まず
　どうしましたか。

ゴムボールが1個しかないので，まずは，
ゴムボールと同じ重さのものを探しました

同じ重さのマジックペンを
見つけました

次は，もうゴムボールは使わずに，
教室にたくさんあるマジックペンで
調べました

C　重さを比べるときに，同じ重さのものを代わりに
　使うことができるんだね。

　学習のまとめをする。今日の感想を書く。

筆箱チャンピオンゲーム
(任意単位)

本時の目標 重さを任意単位で数値化して表すことができる。

板書例

ふでばこチャンピオンゲームをしよう

1 <ふでばこの重さを数字で表す方ほうを考えよう>

・同じものが何こでつり合うか調べる
　（れい）　えん筆　7本分
　　同じものでないと数でくらべられない

2 ・もとにする重さ
　　マジックペン
　　1円玉
　　ブロック
　　じしゃく玉
　　つみ木　　　など

3 ・けっかを記ろくしよう

　　○○さん　1円玉　　□こ分
　　○○さん　ハサミ　　□こ分
　　　　　　　　　　　　　：

POINT　子どもたちは，遊びのルールを自分たちで作ります。同じように，どうしたら重さをきちんと測定できるのか，ルール

1 ゲームのルールを考えよう

T　班の中で筆箱チャンピオンを決めます。筆箱がいちばん重たい人がチャンピオンです。

C　楽しそうだね。でも，重さの違いはどうやって調べたらいいのかな。

T　重さの違いを数字で表す方法を考えましょう。例えばAさんは5点，Bさんは8点というようにです。

前の時間にボールが鉛筆7本分と言っていたね

そうすれば，Aさんの筆箱は鉛筆10本分というように数字で表せるよ

C　鉛筆のように，何かもとになるものを決めて，その何個分かで表したらいいね。

2 もとになる重さを決めよう

班に分かれて作業する。

T　もとになる重さのものは何がいいでしょう。班で話し合って決めましょう。

前の時間に使ったマジックペンがいいと思うよ。マジックペン何本分の重さで表せるよ

「大きな数」の学習で使った1円玉はどうかな？1000枚以上あったよ

算数ブロックもたくさんあるから使えるよ

C　同じ重さのものがたくさんあれば，数字に表すことができるね。

4

＜はんのチャンピオン＞

1ぱん	○○さん	ハサミ	5こ分
2はん	○○さん	1円玉	448こ分
3ぱん	○○さん	じしゃく玉	12こ分
4はん	○○さん	タイル	54こ分
5はん	○○さん	ブロック	38こ分
6ぱん	○○さん	つみ木	78こ分

重さを数字で表すには

① 調べようとするものよりも軽くて，たくさんあるものを使う。

② 同じ重さのものを使って，何こあるかを数にする。

作りを自分たちでできるようにしましょう。

3 もとになる重さのものを使って，重さ比べを始めよう

各班に天秤を準備する。もとになる重さの1円玉，おはじき，タイル，ブロック等は教師が前もって大量に準備しておく。

先生が準備したものを使ってもいいですよ

私たちは，みんな同じハサミを持っているので，ハサミ何個分かで調べます

私たちの班は，1円玉を使って調べます。1円玉何枚分かで比べます

T　ノートに，「○○さんの筆箱　1円玉　□個分」というように，記録を書いておきましょう。

　　班に分かれて作業する。

4 各班のチャンピオンを発表しよう

T　班のチャンピオンが決まったら，黒板に名前と何が何個分だったか書いてください。

2班のチャンピオンは，○○さんで，1円玉 448 個分でした。1円玉を数えるのが大変でした

6班のチャンピオンは，○○さんで，積み木 78 個分でした

T　筆箱の重さをどうやって数字で表したか，学習のまとめをしましょう。

C　調べるものよりも軽いもので，たくさんあるものを使います。

C　同じものが何個あるかで比べます。

　　今日の感想を書く。

重さの普遍単位

板書例

世界きょうつうな重さのたんい

1

ふでばこチャンピオン

1円玉　448こ分　○○さん？

↓

同じもので調べていないので
くらべられない

↓

世界きょうつうの重さのたんい

2

水の重さ ＝ 1g（グラム）

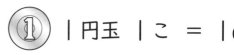

①　1円玉 1こ ＝ 1g

POINT　上皿天秤を使うことで，これまでの天秤とは違った緊張感を演出し，より正確に，格調高く進めましょう。

---

1 筆箱チャンピオンゲームの結果について考えよう

T　前時のチャンピオンゲームで，クラスのチャンピオンを決めたいと思います。数字がいちばん大きかった○○さんです。

C　あれ？何か変だよ。違うと思います。

もとにしているのが1円玉だと，1円玉は軽いから個数が多くなって当たり前だよ

みんな違うもので調べているから，比べられないね

C　同じものを使って何個分になるかを調べないといけません。

2 世界共通単位を知ろう

T　昔は，お金や麦などを基準にして作った重さの単位が世界中にいろいろありました。それでは困るので，世界中で同じ単位を作ることにしました。何をもとにして作ったでしょうか。世界のどこに行ってもあるものです。

T　それは，水です。

1cm×1cm×1cmの入れ物に入る水の重さを1gとしました

1gって，どれくらいの重さなんだろう

軽そうだよね

「g」が長さでいえば「cm」や「mm」なんだね

準備物	・上皿天秤 (班の数) ・1円玉 (各班に 100 枚程度) QR ワークシート

ICT	1円玉を大量に用意することが難しい場合は，教師が測定している様子を動画で撮影し，児童のタブレットに送信しておく。動画を見ながら授業を進める。

3
4

＜1円玉を使って重さをはかろう＞

はかったもの	1円玉のこ数	重さ
マジック	23 こ	23g
筆ばこ	260 こ	260g
はさみ	57 こ	57g
けしゴム	15 こ	15g
ティッシュ	9 こ	9g
30cm ものさし	25 こ	25g

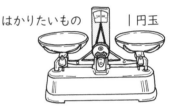

上皿てんびん

はかりたいもの　　1円玉

3 1円玉を使って，いろいろなものの重さを測定しよう

　各班に上皿天秤と１円玉を準備する。上皿天秤の使い方を説明する。

T　1円玉1個の重さが1gです。分銅の代わりに1円玉を使います。左に測りたいものを載せて，右に１円玉を載せていきます。左右釣り合ったところがその重さになります。消しゴムの重さを量ってみます。

（見本を見せる）

1円玉 15 個で釣り合ったね

1個が1gだから，15 個だと15gということだね

消しゴムの重さは15gということだ

　班に分かれて活動する。ワークシートを活用できる。

4 測定結果を発表しよう

T　「○○の重さは１円玉○個で○ g」と発表してください。

マジックペンの重さは，1円玉 23 個で23gでした

ハサミの重さは，1円玉 57 個で57gでした

ティッシュの重さは，1円玉 9 個で9gでした

C　お母さんがお肉屋さんで「300g ください」と言っていたのを思い出しました。「g」は共通単位だから，どこで買っても量は同じということだね。

　学習のまとめをする。今日の感想を書く。

はかりに目もりをつけよう

めもりを画用紙でかくします

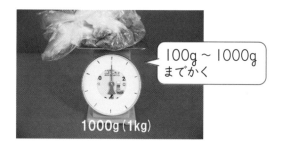

100g ～ 1000g までかく

1000g（1kg）

100g とかく

100g

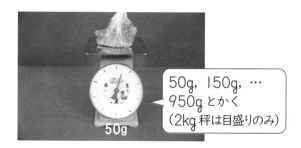

50g，150g，… 950g とかく （2kg 秤は目盛りのみ）

50g

POINT 台秤の目盛りは子どもたちにとって複雑です。自分たちで目盛りをうつ活動をすることで目盛りの仕組みがわかります。

1 活動の準備

QR「はかりに目盛りをつけよう」を参考にしてください。

■ 準備

・1kg と 2kg の上皿自動秤の目盛りのカバーを外し，目盛り盤にあわせて円形に切った画用紙を貼り目盛りを隠しておく。（プラスチックのカバーは簡単に外れる）班の数分準備する。（班によって 1kg と 2kg どちらか）

・100g のおもりを各班に 15 個程度ずつ，50g のおもりを各班に 1 個ずつ準備する。おもりは，ビニール袋に砂などを入れておく。

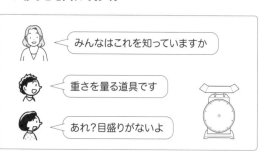

みんなはこれを知っていますか

重さを量る道具です

あれ？目盛りがないよ

2 秤に 100g の目盛りをつけていこう

T　100g のおもりを使って，秤に目盛りをつけていきましょう。まず，100g のおもりを 1 袋載せて，針が指しているところに 100g と書きます。

　　教師が見本を見せる。

T　次に，100g のおもりを 2 袋載せます。何 g になりますか。

C　100g が 2 つだから 200g だね。200g の目盛りを書いたらいいね。

班に分かれて目盛りをつけていきましょう

0，100，200，…800，…と同じ間隔で目盛りがあるね

100g が 10 袋で針が 1 周したよ

100g が 10 袋だから，1000g だね

| 準備物 | ・上皿自動秤 1kg, 2kg (班に1個)　・目盛りに貼る画用紙　・100g のおもり (班に 15 個程度)　・50g のおもり (班に1個)　・マジックペン　QR 画像「はかりに目盛りをつけよう」 |

ICT　画像「はかりに目盛りをつけよう」を見て，作業の方法を確認できる。

・100g のおもりで目もりをつける
・50g のおもりで目もりをつける
・10g の目もりをつける

1しゅうで　1000g
　　　　　　2000g

また，重さの加法性の学習にもなります。

3 秤に 50g の目盛りをつけていこう

T　次に，もっと細かく 50g の目盛りをつけていきましょう。それができたら，10g ずつの目盛りもつけてみましょう。

　50g，150g，250g，…の目盛りをつけていく。

　100g，50g だけのおもりでは，上皿が一杯になるため，200g のおもりも準備しておくとよい。200g2 袋と100g 1袋で 500g など，重さの加法性の学習にもなる。

4 他の班の秤と比べてみよう

　1kg 秤の班と 2kg 秤の班の目盛りを比べる。

C　2班の秤の目盛りは，1000g がちょうど半分になっているよ。1周が 2000g になっている。

T　実は，みんなに配った秤は2種類ありました。1つは，1000g まで量れる秤で，もう1つは，2000g まで量れる秤です。

C　秤によって，1目盛りの大きさが違うんだね。

T　みんなが書いた目盛りを使っていろいろなものの重さを量ってみましょう。

　　第5時「上皿自動秤の使い方」とあわせて，秤を使った測定活動を行う。

上皿自動秤の使い方

板書例

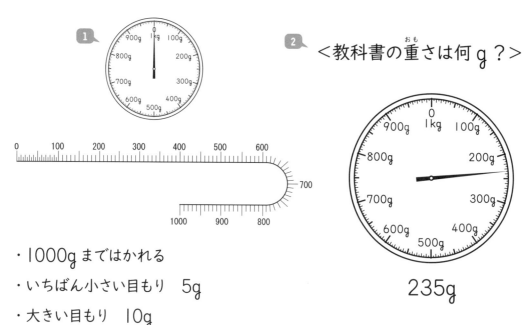

はかりを使っていろいろなものをはかろう

1

2 ＜教科書の重さは何 g ？＞

・1000g まではかれる

・いちばん小さい目もり　5g

・大きい目もり　10g

235g

ICT　上皿天秤での計測は，何度も繰り返すことで習熟が図れます。画像を出し合うと，クラスオリジナル計測問題集ができます。

---

1 秤の目盛りの読み方を学習しよう

T　このような秤を見たことがありますか。

C　郵便局で見たことあります。

C　お母さんが，料理するときに使っていたよ。

T　この秤で重さを量ります。目盛りは g を表しています。実物投影機などで拡大して見せる。

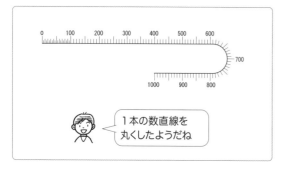

1本の数直線を丸くしたようだね

　実際に丸い秤の目盛りをテープなどに写して真っ直ぐに伸ばして見せるとよくわかる。目盛り盤を見ながら，全員で100g，200g，300g，…と確認していく。

C　1000g まで量ることができるね。

2 教科書の重さを読んでみよう

T　算数の教科書を秤で量ってみます。何 g ですか，目盛りを読んでみましょう。

C　200g と 300g の間だね。

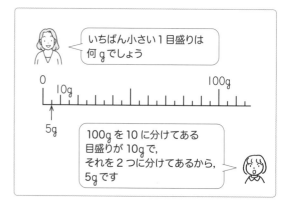

いちばん小さい1目盛りは何 g でしょう

100g を 10 に分けてある目盛りが 10g で，それを 2 つに分けてあるから，5g です

C　200g から，大きい目盛りで 30g，小さい目盛りは 5g だから，235g になります。

　100 → 10 → 5 (g) の順に目盛りを読んでいくことを確認する。

| 準備物 | ・上皿自動秤（班の数）
・重さを測るもの（筆箱，本，
　リコーダーなど）
QR ふりかえりシート | ICT | 班で1つ，上皿天秤を用意し，色々なものを計測する。その様子を撮影し，皆で共有できるようにすると，その画像を使って計測の仕方の習熟が図れる。 |

3

＜はかりの使い方＞

・平らなところにおく

・はりを 0 に合わせておく

・目もりは正面から読む

4

はかるもの	予想した重さ	はかった重さ
ふでばこ	320g	280g
はさみ	40g	55g

---

3 秤の使い方を学ぼう

　　各班に上皿自動秤を準備する。

Ｔ　秤を使うとき，どんなことに注意すればよいでしょう。

　重すぎるものを載せない。静かに載せる

　量る前に針を目盛りの 0 にきちんと合わせておく

Ｔ　秤の置き方や目盛りの読み方はどうですか。

Ｃ　平らなところに置きます。目盛りは正面から読まないときちんと読めないね。

　　適宜，補助質問も交えながら，使い方を確認する。

4 重さを予想してから，秤を使っていろいろなものの重さを量ろう

Ｔ　1円玉を使って量ったものでもいいですよ。同じ重さになるか確かめてみるのもいいですね。

Ｔ　量るもの，予想した重さ，量った重さを記入しておきましょう。

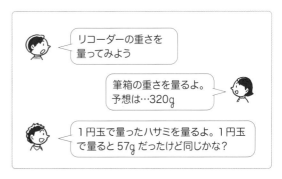

　リコーダーの重さを量ってみよう

　筆箱の重さを量るよ。予想は…320g

　1円玉で量ったハサミを量るよ。1円玉で量ると 57g だったけど同じかな？

Ｃ　かばんの重さは何 g だろう…，重いから 1000g を超えそうだね。

　　測定結果を班ごとに発表する。
　　学習のまとめをする。今日の感想を書く。

板書例

1円玉の重さをよそうしよう

1 1円玉の重さ

$$1000g = \boxed{\overset{キログラム}{1kg}}$$

1円玉　1000こ

$$\boxed{1L} = 1kg$$

1L の水の重さ

2 いちばん小さい目もり 10g

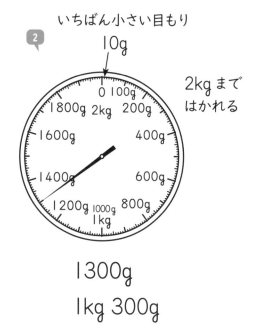

2kg まで はかれる

1300g

1kg 300g

POINT　1円玉が 1000 枚入った袋を子どもたちに持たせて，「1000g = 1kg」がどのくらいの重さかを実感させましょう。

1 袋に入った1円玉の重さを予想しよう

1円玉が 1000 個入った袋を順番に児童に持たせる。

うわ，重いな。前の時間に量った辞書よりも重いな

800g くらいかな… もっとあるかもしれないね

T　では，実際に量ってみましょう。

袋の重さ分だけ目盛りを戻し 1kg 秤で量る。

C　あ！ぴったり 1000g になったよ。

C　1000g ということは，1円玉が 1000 個だ！

T　この 1000g を「1kg」と表すこともできます。重いものを量るときには，kg を使うと便利です。1kg は，水 1L の重さと決められています。

時間が許す限り，班に分かれて1円玉を手分けして数え，1000 個であることを確かめる。

2 新しい単位「kg」について学ぼう

T　前の時間に量ったときに 1kg を超えたものがありましたね。書道セットを量ってみましょう。

この秤は，何 kg まで量ることができるかわかりますか

2kg と書いてあるよ

ちょうど半分で 1kg だね

100g ずつの目盛りが書いてあるね。いちばん小さい目盛りは 10g になるよ

実物投影機などを使って拡大し，全員で目盛りを読んでいく。

C　書道セットの重さは，1300g です。

T　1300g は何 kg 何 g といえますか。

C　1000g が 1kg だから，1kg 300g です。

〇g ＝□kg△g の表し方を押さえておく。ワークシートも活用できる。

| 準備物 | ・1円玉×1000枚　・1円玉を入れる袋
・上皿自動秤 (1kg, 2kg)　・1kgの重さ
づくりに使うもの　QR 画像「水1L = 1kg」
QR ワークシート　QR ふりかえりシート | ICT | 1kgぴったりゲームの様子を画像にし
て，クラス全体で共有をする。色々な
1kgぴったりがあり，児童も興味をもっ
て授業に参加することができる。 |

3

〈1kg ぴったりゲームをしよう〉

・1kg ちょうどになる重さをつくる
　ノート，じてん，ふでばこ，…など

・はかりを使うのは 3 回まで

けっか

1 ぱん　920g		4 はん　1kg 150g
2 はん　1kg		5 はん　890g
3 ぱん　1kg 300g		6 ぱん　970g

3　「1kg ぴったりゲーム」をしよう

　　各班に上皿自動秤（2kg）を準備する。

T　1kg がどのくらいの重さか，1円玉 1000 枚でわ
　かりましたか。各班で，1kg ちょうどになる重さを
　いろいろなものを使って作ってみましょう。1kg に
　いちばん近い班の勝ちです。

　　ゲームの前に再度 1kg を児童に持たせる。

ただし，秤を使えるのは
3回までです

わー，楽しそう。秤を使えるのが
3回しかないから，予想してから
量ってみようね

ノート10冊
でどのくらい
になるのかな

まだまだだと思
うよ。もっと重
たいものを入れ
てみようよ

T　では，順番に発表してもらいます。

　　順番に使ったものと重さを発表する。

T　優勝は，2班のちょうど 1kg です。おめでとう
　ございます。他の班も惜しかったですね。

1kg を作ってみた感想を
発表しましょう

どのくらいの重さか，手
に持ってみるだけでは難
しいと思いました

1kg にはならなかった
けど，班のみんなとい
ろいろ考えながらでき
たので，とても楽し
かったです

1L のペットボトルの水
が大体 1kg というのを覚
えておこうと思います

　　学習のまとめをする。

板書例

重さはどうなるかな？

1 ＜あわせると何 g ？＞

・小麦こ　150g

・さとう　40g

式

150g ＋ 40g ＝ 190g

答え　190g

重さもたし算できる

2 ＜水とうに水を入れた重さは？＞

・水とう　400g

・水　1 L ＝ 1kg（1000g）

式

1kg ＋ 400g ＝ 1kg 400g
1000g ＋ 400g ＝ 1400g

たんいをそろえる

答え　1kg400g（1400g）

POINT　計算だけでなく，重さがどうなるか実際に測定して見せると子どもたちの理解も深まります。

1　小麦粉に砂糖を混ぜた重さを考えよう

T　ホットケーキの材料の小麦粉と砂糖があります。それぞれ何 g あるか量ってみましょう。

　　クッキング秤で測定する。

C　小麦粉は 150g，砂糖は 40g だね。

T　この 2 つを混ぜると，何 g になりますか。

混ぜるから，たし算すればいいのでは…

150g と 40g をたすと，150 ＋ 40 ＝ 190，190g で合っているのかな？

T　実際に量って確かめてみましょう。

C　やっぱり 190g だね。

T　重さもたし算することができます。

2　400g の水筒に水を 1 L いれます。重さはどれだけになるかな

C　これも合わせるから，たし算でいいね。400g に水の重さを…，水の重さは何 g ？

C　水 1 L は 1 kg だったよ。

1kg と 400g をたし算する式は，1 ＋ 400 でいいのかな？

単位が違うから，式は1kg ＋ 400g として，答えは1kg400g になると思うよ

1kg ＝ 1000g だから，1000 ＋ 400 でもいいね

そうか，単位を揃えないとだめだね

C　答えは 1 kg 400g になります。1kg ＝ 1000g だから，1kg 400g ＝ 1400g で，1400g ともいえます。

　　実際に測定して確かめる。

| 準備物 | ・小麦粉　　・砂糖
・水筒　　　・水
・クッキング秤　・上皿自動秤
QR ふりかえりシート |

| ICT | 重さの計算は，抽象的で理解に苦しむ児童もいる。実際の重さにした小麦粉などを用意し，合体して天秤で図るなどの動画を用意しておくと理解が深まる。 |

3 500g のはこにみかんを入れて重さをはかると，4kg 700g でした。みかんの重さはどれだけですか。

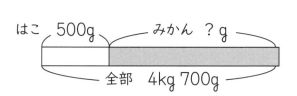

kg	g
4	700
−	500
4	200

同じたんいどうしで計算する

式　4 kg 700 g − 500 g ＝ 4 kg 200 g

答え　4kg 200g

3　箱に入れたみかんの重さを考えよう

T　500g の箱にみかんを入れて重さを量ると 4kg 700g でした。みかんの重さを求めましょう。

問題をテープ図に表す。

みかんの重さは，ひき算で求めることになるね

全部の重さから箱の重さをひけばいいので，式は 4kg700g − 500g になります

C　長さやかさの計算のとき，同じ単位どうしを計算したよ。重さも同じ単位どうしで計算して，答えは 4kg200g になります。

筆算での計算も説明する。
g だけでの表し方も確認する。

4　重さのたし算ひき算の練習をしよう

ふりかえりシートを使って学習する。

T　単位に気をつけて計算しましょう。
（ふりかえりシート (2) ③，⑧抜粋）

③ 900g + 120g

kg	g
	900
+	120
1	020

答え　1kg 20g

⑧ 6kg800g − 5kg

kg	g
6	800
− 5	000
1	800

答え　1kg 800g

C　筆算で計算すると，単位を間違えずにできたよ。
C　g⇔kg，g のときは 0 に気をつけよう。

板書例

たんいのひみつを見つけよう

1
$$1 t （トン）＝ 1000kg$$

・自動車　2t　　　・ジェットき　　350t
・カバ　　3t　　　・アフリカゾウ　　7t

$$1 t ＝ 1000kg \qquad 1 kg ＝ 1000g$$

1t			1kg			1g			ミリグラム 1mg

1000 倍（ばい）　　　1000 倍　　　1000 倍

POINT　重さ，長さ，かさの単位がそれぞれ 1000 倍（1000 個分）の関係にあることを，単位のひみつとして子どもたちが発見

1 もっと重い重さを表す単位 t（トン）を学習しよう

T　自動車や飛行機など，もっと重いものを表す単位に「t（トン）」があります。1t は 1000kg です。

　　およそ自動車で 1.5 〜 2 t，カバで 2 〜 3 t，アフリカ象で 6 〜 7.5 t，ジェット機で 350 t など，t で表すものを紹介する。

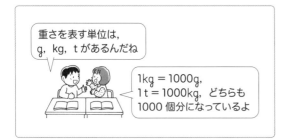

重さを表す単位は，g，kg，t があるんだね

1kg = 1000g，1t = 1000kg，どちらも 1000 個分になっているよ

T　重さを表す単位を表にまとめます。

g → kg → t　になっています。
　　1000 倍　1000 倍

　　小さいものの重さを表す単位「mg」もあわせて表に入れて説明しておいてもよい。

2 長さの単位をまとめよう

T　長さの単位はどうなっていたでしょうか。1km は何 m でしたか。

C　1km は 1000 m でした。

長さの単位についてもまとめてみましょう

1mm → 1 m → 1km も，それぞれ 1000 倍になっています

長さには「cm」という単位があったよ。cm はどこになるのかな

C　1cm は 10mm だから，mm のすぐ左側に書けばいいです。

ICT　大きな単位になると，どのようなものが大きい単位になるのか，想像しにくい。大きな単位のものの画像を用意し，その画像を見せながら説明するとよい。

2

長さのたんい

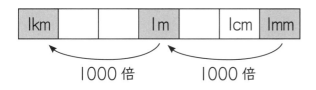

| 1km | | | 1m | | 1cm | 1mm |

1000 倍　　1000 倍

3

かさのたんい

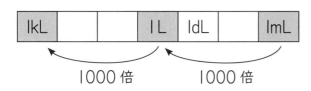

| 1kL | | | 1L | 1dL | | 1mL |

1000 倍　　1000 倍

4

<たんいのひみつ>

・「k（キロ）」がついたら
1000 倍になる。

・「m（ミリ）」がついた
たんいを 1000 倍すると，
g，m，L になる。

できるように進めましょう。

---

3 かさの単位をまとめよう

T　かさの単位もまとめてみましょう。1L は何 mL
でしたか。

C　1L は 1000mL でした。

> かさには「dL」という単位もあったよ。
> 1L ＝ 10dL だったから，
> 1L のすぐ右側になるね

T　かさの単位には，大きなかさを表す「1kL」と
いう単位もあります。1kL ＝ 1000L になります。

C　ここも 1000 個分だね。kL，kg，km とどれも
「k」がついているね。

4 「単位のひみつ」を発表しよう

T　重さ，長さ，かさの単位を表にまとめてみました
が，何か気づいたこと，発見したことはありますか。

> 「k（キロ）」がつくと，「k」が
> ついていない単位の 1000 倍に
> なっています

> 「m（ミリ）」がついた単位「mm」
> 「mL」「mg」は，1000 倍すると，
> 「m」「L」「g」の単位になります

> どれも 1000 倍になる単位があります

　ふりかえりシートを使って，単位換算や単位の使い方の問
題をする。

重さの保存性 ①

板書例

ものの形をかえると重さはどうなるかな

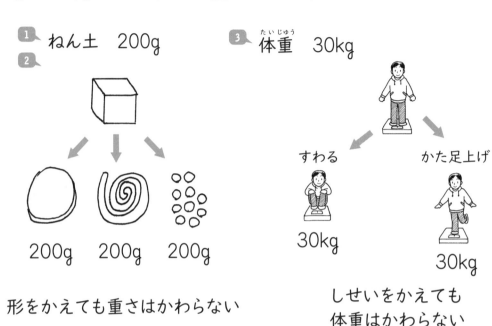

1 ねん土　200g

2

3 体重　30kg

200g　　200g　　200g

形をかえても重さはかわらない

すわる　　　　　　かた足上げ

30kg　　　　　　　30kg

しせいをかえても
体重はかわらない

ICT　重さの計算の習熟も大切ですが，自分たちでたくさん考えて，出来るだけ多く体験させることを重視します。

---

1 粘土の形を変えると重さは変わるかな

T　粘土が 200g あります。これを平べったくすると，重さはどうなるでしょう。

平たくなって，薄くなったから軽くなると思うよ

粘土の量は変わらないから，重さも変わらないのでは…

⑦重くなる，①軽くなる，②変わらないの中から１つ選ばせる。理由も言えるようにする。

T　では，実際に量って確かめましょう。

各班に分かれて，粘土が 200g であることを確認後，形を変えたものを測定する。ハンバーグ型の他に，細長いひも状にしたらどうなるかも試してみる。

C　どんな形にしても 200g で重さは変わりません。

2 粘土を細かく分けると重さは変わるかな

粘土を元の形に戻す。

T　次は，小さなお団子にしていきます。細かく分けた粘土の重さはどうなっているかな。

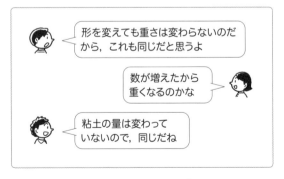

形を変えても重さは変わらないのだから，これも同じだと思うよ

数が増えたから重くなるのかな

粘土の量は変わっていないので，同じだね

展開１と同様に，⑦〜②から１つ選ばせる。

T　これも，自分たちで確かめてみましょう。
C　やっぱり，重さは変わりません。
T　形を変えたり，細かく分けたりしても，粘土を増やしたり減らしたりしなければ，重さは変わりません。

準備物	・粘土 200g（班の数） ・上皿自動秤 1kg（班の数）　・体重計 QR 画像「形を変えると重さは変わるかな」	ICT	重さの保全性がわかる活動を，出来るだけ多く動画や画像にしておく。適宜，それらを提示し，重さがどうなるのかを話し合わせ，予想させるとよい。	

25kg　　　　　5kg

式

25kg ＋ 5kg ＝ 30kg

答え　30kg

? kg

3 いろいろな姿勢をして体重を比べてみよう

T　れんさんが体重計に乗ると 30kg でした。このままましゃがむと，体重はどうなるでしょう。

C　しゃがむと，力が入りそうだから重くなる気がするよ。

C　でも，体重は変わっていないから同じだと思うよ。

　実際に体重計を使って体重が変わらないことを確かめる。1 人だけでなく数人で確かめる。

片足で体重計に乗ったらどうでしょう

片足分軽くなりそうな感じがするけど，もう騙されないぞ，体重は同じです

　同じく実際に測定をして，姿勢を色々変えても体重は変わらないことを確かめる。

4 猫を抱いて体重計に乗ると重さはどう変わるかな

T　かいとさんは猫を飼っています。かいとさんの体重は 25kg で，猫の体重は 5kg です。猫を抱いて体重計に乗ると，何 kg になるでしょうか。

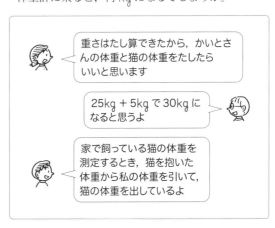
重さはたし算できたから，かいとさんの体重と猫の体重をたしたらいいと思います

25kg ＋ 5kg で 30kg になると思うよ

家で飼っている猫の体重を測定するとき，猫を抱いた体重から私の体重を引いて，猫の体重を出しているよ

　猫の代わりに，5kg のものを持って体重計に乗り，35kg になることを確かめる。

　学習の感想を書いて発表する。

本時の目標：沈んでも，浮いても，溶けて見えなくなっても，重さは変わらないことを理解する。

板書例

重さはどうなるのかな

1

入れ物と水　　600g
石　　　　　　50g

石や水のりょうはかわらない

式　600g + 50g = 650g

答え　650g

2

入れ物と水　　600g
木　　　　　　100g

木はういている
木や水のりょうはかわらない

式　600g + 100g = 700g

答え　700g

POINT　いろいろな考えや意見を自由に出し合います。そして，それを必ず実験で確かめるようにします。

1 水の入った入れ物に 50g の石を入れたら重さはどう変わるか考えよう

T　水の入った入れ物の重さは 600g です。

600g と石の重さ 50g を合わせた 650g ではないのかな

でも，水の中に入ると，身体が軽くなるよ。プールやお風呂に入ったらそう感じるよね。だから，それよりも軽いと思うな

確かに，水の中に入ると浮いた感じになるけど，感じるだけで重さは変わらないのでは

　考えや意見を自由に出し合う。第9時で「重さの保存性」を学習しているが，水の中になるとまた条件が変わるのでは，と思う児童も多い。

T　実際に測定して確かめてみましょう。

C　重さは 650g だね。石の重さは変わっていません。

2 100g の木を入れたら重さはどう変わるか考えよう

T　同じく，水の入った入れ物は 600g です。

水に入れても，石の重さは変わらなかったから，木の重さも変わらないはずだよ

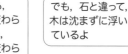
でも，石と違って，木は沈まずに浮いているよ

本当だ，浮いているから，やっぱり軽くなっているかもしれないね

　ここでも考えや意見を自由に出し合い，議論する。実際に測定して結果を確かめる。

C　重さは 700g で，木の重さは変わっていません。水に浮いていても重さは同じということだね。何だか不思議だな。

| 準備物 | ・水槽など ・木 ・上皿自動秤 | ・水 ・塩 | ・石 ・ガラス棒 | ICT | 個別や班での実験が難しい場合は，教師が事前に動画を撮影しておき，授業で活用するとよい。その動画を見ながら，結果がどうなるのか予想をさせる。 |

3

入れ物と水　　600g
しお　　200g

とけて見えなくなった
見えなくなっても，しおはそこにある
しおや水のりょうはかわらない

式　600g + 200g = 800g

答え　800g

4

しずんでも，ういても，とけても，ものの重さは変わらない。

3　200gの塩を水に溶かすと重さはどう変わるか考えよう

塩の重さが変わらないのであれば，800gになるはずだね

でも，塩が溶けて無くなっているから，これまでと同じではないと思うよ

塩が見えなくなっているので，水だけの重さではないかな

見えないけど，しょっぱいから塩は消えていないと思うな

ここでも考えや意見を自由に出し合い，議論する。
実際に測定して結果を確かめる。

T　重さは，600g + 200g = 800g になります。水に溶かして見えなくなっていても，塩はどこにも行っていません。

4　学習の感想を発表しよう

T　今日は，重さの実験をいろいろしましたね。わかったことや感想を発表しましょう。

水の中に入れても，重さは変わらないことがわかりました

溶けて見えなくなっても，塩は消えずに，そこにあるので，重さは残っていることがわかりました

ものが沈んでも，浮いても，溶けても，重さは変わりません

各自でノートにまとめておく。

名
前

① 次の重さの目もりを読みましょう。

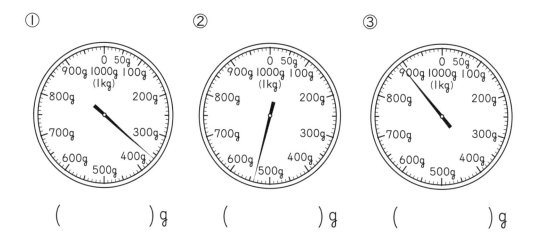

①　(　　　　　)g　　②　(　　　　　)g　　③　(　　　　　)g

② 次の重さの目もりをかきましょう。

①　920g　　　　　②　670g

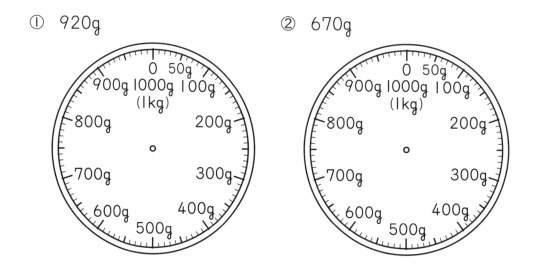

名前

1　（　　）にあてはまる数を書きましょう。

① 1kg700g ＝（　　　）g

② 2kg80g ＝（　　　）g

③ 3200g ＝（　　　）kg（　　　）g

④ 1050g ＝（　　　）kg（　　　）g

	kg	g
	1	7 0 0

2　計算をしましょう。

① 60g ＋ 90g ＝（　　　）g

② 400g ＋ 800g ＝（　　　）g
　　　　　　＝（　　　）kg（　　　）g

③ 900g ＋ 120g ＝（　　　）g
　　　　　　＝（　　　）kg（　　　）g

④ 600g ＋ 5kg ＝（　　　）kg（　　　）g
　　　　　　＝（　　　）g

⑤ 38kg － 15kg ＝（　　　）kg

⑥ 1kg － 300g ＝（　　　）g

⑦ 3kg900g － 2kg700g ＝（　　　）kg（　　　）g
　　　　　　　　　　＝（　　　）g

⑧ 6kg600g － 5kg ＝（　　　）kg（　　　）g
　　　　　　　　＝（　　　）g

3　ゆうとさんの体重は 27kg です。お兄さんの体重は 45kg です。
2人合わせて何 kg になりますか。

式

答え　　　　　　　　　

4　重さ 400g のはこに、いちごを入れて重さをはかると、全部で
2kg になりました。いちごの重さは何 kg 何 g ですか。

式

答え

分　数

◎ 学習にあたって ◎

＜この単元で大切にしたいこと＞

　分数は，日常生活では，ピザを $\frac{1}{4}$ に切る，スイカを $\frac{1}{8}$ に切るといった使われ方をします。このような分数は割合を表す分数（割合分数）です。ピザやスイカの大きさは様々ですから，大きなピザの $\frac{1}{4}$ と小さなピザの $\frac{1}{4}$ はたし算の式に表すことができません。3 年生の算数では量を表す分数（量分数）を扱います。1m や 1L などをもとにして表される分数です。$\frac{1}{3}$ m や $\frac{1}{4}$ L のように単位をつけて表すことができ，基準が決まっているので加減計算をすることもできます。2 年生で学習する分数や日常生活で使う分数が割合分数で，3 年生で扱う分数は量分数ですから，児童にその両者の混同によるつまずきがあるのはむしろ当然です。児童には，3 年生で扱う分数は量に基づいた分数を扱っていることに気づかせながら学習を進めていくことが大切です。そして，具体的な学習場面では 1m や 1L などを半具体物に置き換えたり，図に表したりして具体的な量を分数で表すことを大切にして進めます。

＜数学的見方考え方と操作活動＞

　端数部分の長さやかさをどう表すかを考える場面では，半具体物を折ったり切ったり，図に表したりする活動をすることで考え方を進めることができます。分数の大小比較や分数の加減でも量を図に表し，単位分数の何個分という考え方で整数と同じようにできることを理解し伝え合うことができます。このように，分数の学習では 1 の大きさを決めた図に表すことがとても有効です。また，日常生活の中で量分数があてはまり，いかすことができる場面を考えるには，加減の文章問題を作ってみることが有効です。

＜個別最適な学び・協働的な学びのために＞

　端数部分の長さやかさを分数で表すことから始まり，大小比較，加減計算にいたるまで，半具体物の操作活動や図に表す活動を通して児童自身の考えをもとに解決していける内容がほとんどです。例えば，分数の加減でも図に表すことで解決できます。分母は分け方を表しているので，分母で等分したものの何個分かを表している分子だけを整数と同じように計算すればいいことを児童が考えることができます。では，どうすれば児童自身で解決していく力が育つのでしょうか。それは一貫して 1 の大きさが決まった図を使い続けることです。図が，児童自身が思考したり，伝え合ったりするときの共通に理解を深める媒体となります。図は児童自身が解決をするための大きな手がかりとなります。

知識および 技能	端数部分や，等分してできる部分を，分数で表す方法について理解する。 加減計算の意味について理解し，計算ができる。
思考力，判断力， 表現力等	端数部分や，等分してできる部分の表し方や，加減計算の方法について考え，それを表現する。
主体的に学習に 取り組む態度	端数部分や，等分してできる部分を，分数で表せるよさに気づき，学習にいかして考えようとする。

◎ 指導計画　9 時間 ◎

時	題	目　標
1	単位分数の意味	3 個分で1mになるとき，その1 個分の長さを $\frac{1}{3}$ m と表すことを理解する。
2	分数の意味（長さ）	分数の大きさを単位分数の何個分で表すことを理解する。
3	分数の意味（かさ）	液量についても端数部分の量を分数で表すことができることを理解する。
4・5	分数の大小比較	単位分数をもとにして，分数の構成や大小比較について理解し，数直線に表すことができる。
6	1 より大きい分数	単位分数の何個分という考え方で，1 を超える量も分数で表せることを理解する。
7	分数と小数の関係	分母が 10 の分数と小数の関係について理解する。
8	分数のたし算	分数のたし算の意味と計算の仕方を理解し，計算できる。
9	分数のひき算	分数のひき算の意味と計算の仕方を理解し，計算できる。

単位分数の意味

<table>
<tr><td>本時の目標</td><td>3個分で1mになるとき，その1個分の長さを $\frac{1}{3}$ mと表すことを理解する。</td></tr>
</table>

板書例

はしたのテープの長さを調べよう

1
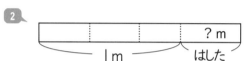

1m

? m
はした

2

? m

1m　はした

・おってみるとはした3こ分で1m

・切ってあててみるとはした3こ分で1m

3
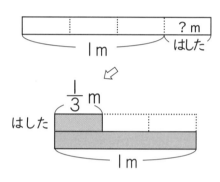

3こ分で1mになるとき，その1こ分を $\frac{1}{3}$ mといいます。

（1mを3等分した1こ分の長さ）

? m
はした

$\frac{1}{3}$ m
はした

1m

1m

POINT 「3個分で1mになる」ことを発見する活動に時間をかけましょう。自分たちで発見したことを何より大切にします。

---

1 はしたの長さは何mか調べよう

　　ペアに2本のテープを配る。

T　赤色のテープは1mです。青色のテープは，1mと比べるとはしたが出ますね。このはしたの長さが何mか2人で調べましょう。

> 1mないので，cmで表したらいいのかな。ものさしで測ると33cm 3mmくらいだよ
>
> でも，何mか聞かれているので，…小数で表したらいいのかな

T　テープを，折ったり切ったりしてもいいです。もし失敗してもまだテープはあります。

C　はしたの長さで折っていこう。

C　切り取って印をつけてみよう。

　　解決するために何とか試みようとすることを大切にする。

2 はしたの長さを1mのテープと比べよう

T　はしたの長さを1mと比べてみて，いろいろとわかったことがあるようですね。皆に説明してみましょう。

> 私たちは，はしたの長さで折り曲げていくと，うまくいきそうだったので折ってみました
>
> このはしたの長さ3個分で1mということがわかりました

T　別の方法で比べた人はいますか。

C　はしたの長さを切り取って，1mに合わせて印をつけていきました。同じように，はした3個分で1mになりました。

C　はしたの長さは，1mを3つに分けた1つ分の長さということがわかります。

| 準備物 | ・テープ2本（1mと1⅓m 赤色と青色）
　2人で1セット
・板書用テープ
QR ワークシート　　QR ふりかえりシート |

| ICT | 1mのテープ図の画像を児童のタブレットに送信しておく。授業の後半，教師が提示した〇分の1の長さを，それに書き込み提出する。数問繰り返すとよい。 |

4 <はしたの長さを分数で表そう>

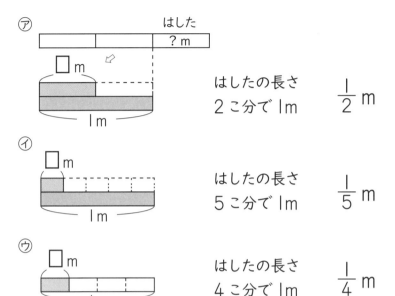

⑦　はした　? m
□ m　1m
はしたの長さ
2こ分で 1m　$\dfrac{1}{2}$ m

⑦　□ m　1m
はしたの長さ
5こ分で 1m　$\dfrac{1}{5}$ m

⑦　□ m　1m
はしたの長さ
4こ分で 1m　$\dfrac{1}{4}$ m

---

3 はしたの長さの表し方を考えよう

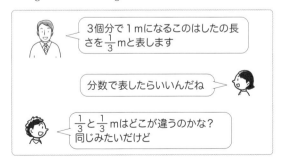

T　はしたの長さ3個分で1mになることをよく見つけましたね。では，このはしたの長さをどう表したらいいでしょう。

C　2年生のときに，同じ長さに3つに分けた1つ分を $\dfrac{1}{3}$ と習ったよ。$\dfrac{1}{3}$ かな？

　　3個分で1mになるこのはしたの長さを $\dfrac{1}{3}$ mと表します

　　分数で表したらいいんだね

　　$\dfrac{1}{3}$ と $\dfrac{1}{3}$ mはどこが違うのかな？同じみたいだけど

T　3個分で1mということは，1mを3等分した1個分の長さですね。<u>1mをもとにしているので，$\dfrac{1}{3}$ mになります。</u>

　　ワークシートを使ってノートにまとめる。

4 長さは何mか分数で表そう

T　次のはしたの長さは何mですか。

　　$\dfrac{1}{2}$ m，$\dfrac{1}{5}$ m，$\dfrac{1}{4}$ mの図を考える。

　　はしたの長さ2個分で1mになります。このはしたの長さは何mですか

　　2個分で1mということは，1mを2等分した1個分の長さだね

　　$\dfrac{1}{2}$ mになります

T　次は，図が少し省略されました。はしたの長さ5個分で1mになる，このはしたの長さは何mですか。

C　$\dfrac{1}{5}$ mです。

　　さらに，簡略化した図で，$\dfrac{1}{4}$ mを考える。

　　学習のまとめをする。ふりかえりシートも活用する。本時で使用したテープを次時でも使用する。

分数の意味（長さ）

板書例

テープの長さを調べよう

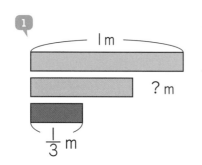

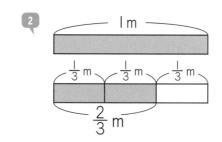

2
- $\frac{1}{3}$ m と合わせると 1m になる。

- $\frac{1}{3}$ m の 2 こ分の長さ

1m を 3 等分した 2 こ分の長さが $\frac{2}{3}$ m

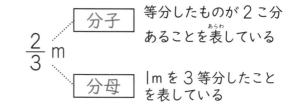

$\frac{2}{3}$ m

分子 ‥‥‥ 等分したものが 2 こ分あることを表している

分母 ‥‥‥ 1m を 3 等分したことを表している

POINT 紙面上，1 mの長さが異なりますが，この単元での 1 mの長さはいつも同じにしておきましょう。1 mをもとにしている

1 テープの長さは何mか調べよう

ペアに前時で使用した2本のテープに加えて，1本のテープ（$\frac{2}{3}$m）を配る。

T 今配ったテープの長さは何mでしょう。2人で，いろいろ工夫して見つけましょう。

C このテープを2つに折ってみると，$\frac{1}{3}$mと同じ長さになったね。

　子どもたちは，前時にいろいろ試みて$\frac{1}{3}$mを発見している。今回もテープを折ったり，合わせてみたりしながら，自ら解決していく時間を大切にする。

2 ペアで調べて見つけたことを話し合おう

T テープの長さは何 m かわかりましたか。
C $\frac{1}{3}$ mの2個分だとわかりました。

$\frac{2}{3}$mの表し方や分母・分子についてまとめる。

T 分母は，1 mなど，もとになる大きさを何個に分けたかを表します。分子は，分けたものを何個集めているかを表します。

| 準備物 | ・テープ3本 (1mと$\frac{1}{3}$mと$\frac{2}{3}$m) 2人で1セット ・板書用テープ QR ふりかえりシート | ICT | 1mのテープ図の画像を児童のタブレットに送信しておく。授業の後半,教師が提示した〇分の□の長さを,それに書き込み提出する。数問繰り返すとよい。 | |

＜長さを分数で表そう＞

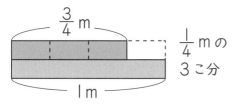

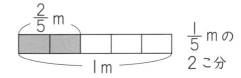

＜$\frac{2}{4}$mはどっちかな＞

× ㋐

1mを4等分した

2こ分の長さが$\frac{2}{4}$m

○ ㋑
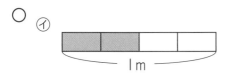

ことを視覚的にも理解できるようにします。

3 色のついた部分の長さを分数で表してみよう

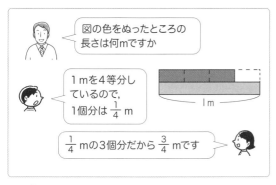

$\frac{1}{\square}$mの何個分かも合わせて答えるようにする。

C　1mを5等分しているので,1個分は$\frac{1}{5}$m,$\frac{1}{5}$mの2個分の長さで$\frac{2}{5}$mです。

　　展開4のような誤解をする子どもが多いため,「何等分の何個分」を表すときには,「1m」を□等分した〇個分ということを意識させる。

4 $\frac{2}{4}$mを表しているテープは,㋐と㋑のどちらですか

㋐と㋑のテープを提示する。

C　どちらも4個に分けた2個分だから,どちらも$\frac{2}{4}$mだと思うな。

C　でも,長さが違うよ。

C　$\frac{1}{4}$mは,4個分で1mになる長さのことだったよ。

C　1mを4等分した1個分の長さが$\frac{1}{4}$mだから,㋐は2mを4等分しているので違うよ。

C　㋐は,2mの半分になるから1mだね。

C　㋑が,1mを4等分した2個分で$\frac{2}{4}$mだ。

㋑が$\frac{2}{4}$mであることの理由も説明できるように話し合いをする。「$\frac{2}{4}$m」と「$\frac{2}{4}$」の違いをしっかりと理解させる。

学習のまとめをする。
ふりかえりシートも活用する。

分数の意味（かさ）

板書例

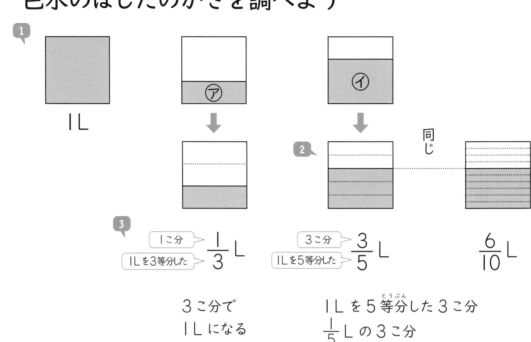

色水のはしたのかさを調べよう

1

1L　　⑦　　⑦

2

⑦　　同じ

3

| 1こ分 | $\frac{1}{3}$L |
| 1Lを3等分した | |

3こ分で
1Lになる

| 3こ分 | $\frac{3}{5}$L |
| 1Lを5等分した | |

$\frac{6}{10}$L

1Lを5等分した3こ分
$\frac{1}{5}$Lの3こ分

POINT 色水を色紙に置き換えることで，児童全員が学習課題を自分の手元で考えることができるようになり，「具体物→半具体物

1　水のかさは何Lか考えよう

1L，⑦ $\frac{1}{3}$L，⑦ $\frac{3}{5}$L の色水を提示する。

T　⑦と⑦の水のかさは何Lでしょう。この色水を色紙に置き換えたものを皆に配るので，工夫して考えましょう。

児童に1L，⑦ $\frac{1}{3}$L，⑦ $\frac{3}{5}$L の色水を正面から見た図の色紙 (10cm × 10cm) を配る。

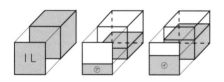

⑦は，3個分で1Lになりそうだ。折ってみよう。やっぱりそうだ，3個分で1Lだから $\frac{1}{3}$L だ

⑦は，難しいね…

2　「分数目盛り」を使って，⑦の水のかさを調べよう

「分数目盛り」(1cm の間隔で平行線がひいてある目盛り) を児童に配る。

色紙の端を図のように0に合わせます。そして，もう一方の端と色がついているところが線にぴったり合うところを探していきます

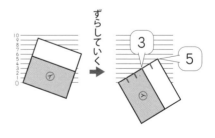

ずらしていく

C　もう一方の端を5に合わせたとき，色水のかさのところが3でぴったりになったよ。

T　目盛りの1〜4に合わせて色紙に目盛りをつけてみましょう。

| 準備物 | ・色水 (1L と $\frac{1}{3}$ L と $\frac{3}{5}$ L) ・色紙 (1L と $\frac{1}{3}$ L と $\frac{3}{5}$ L) ×人数分 ・分数目盛り
QR 分数定規 QR 参考画像「分数ます」 | ・分数目盛り
QR ふりかえりシート | I
C
T | 1Lマス図の画像を児童のタブレットに送信しておく。授業の後半, 教師が提示した〇分の□のかさを, それに書き込み提出する。数問繰り返すとよい。 | |

4 **＜分数を図に表してみよう＞** ※ 色ぬりでもよい

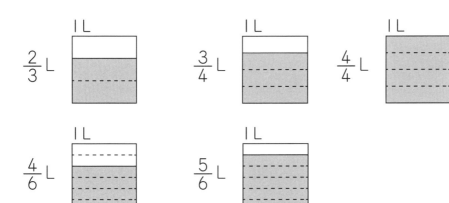

> 水のかさも長さと同じように分数に表すことができる。

→図」の過程も理解しやすくなります。

3 調べてわかったことを発表しよう

T ㋐と㋑の水のかさは何Lでしたか。

C ㋐は, 1L を3等分した1個分だから $\frac{1}{3}$ L です。

㋑は「分数目盛り」に合わせて色紙に目盛りをつけると, 1L を5等分した3個分のかさとわかりました

$\frac{1}{5}$ L の3個分のかさで, $\frac{3}{5}$ Lです

C 「分数目盛り」の10と6の目盛りでもぴったりになりました, 目盛りをつけると, $\frac{6}{10}$ Lになりました。

C 本当だ！㋑は, $\frac{6}{10}$ Lでも正解だね。

$\frac{3}{5}$ L ＝ $\frac{6}{10}$ L であることはここでは深入りしないでおく。

4 「分数定規」を使って, 分数を図に表そう

教師用と児童用の「分数定規」を準備しておく。
代わりに, 分数のかさの色塗りの活動でもよい。

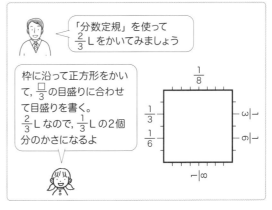

「分数定規」を使って $\frac{2}{3}$ Lをかいてみましょう

枠に沿って正方形をかいて, $\frac{□}{3}$ の目盛りに合わせて目盛りを書く。$\frac{2}{3}$ L なので, $\frac{1}{3}$ L の2個分のかさになるよ

黒板に分数をかくのに「分数定規」を作っておくと便利である。児童にも画用紙をラミネートしたものを渡しておくと, 分数の学習に非常に役立つ。
＜「分数定規」の出典＞何森真人先生のHP「さんすうしい！！」
(http://sanssouci.sakura.ne.jp)『ワッとわく授業の上ネタ』
倉庫より

分数の大小比較

本時の目標　単位分数をもとにして，分数の構成や大小比較について理解し，数直線に表すことができる。

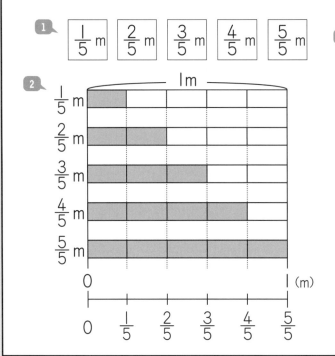

板書例

分数を小さいじゅんにならべよう

❶ $\frac{1}{5}$ m　$\frac{2}{5}$ m　$\frac{3}{5}$ m　$\frac{4}{5}$ m　$\frac{5}{5}$ m

❷ 分母が同じならば，分子が大きいほど大きい分数

・$\frac{1}{5}$ mの3こ分の長さは$\frac{3}{5}$ m

・$\frac{1}{5}$ mの5こ分の長さは$\frac{5}{5}$ mで1mと同じ

$$\frac{5}{5} = 1$$

POINT 分数を図に表す学習をしていけば，分数の大きさをイメージすることができるようになります。

1 次の分数を小さい順に並べよう

ワークシートを使って学習する。

分母は全部5で同じだよ。1mを5等分しているということだね

$\frac{1}{5}$ mが何個分あるかで比べたらいいね

何個分あるかは分子で表しているから，分子の数で比べよう

C　分子の数が大きいほど，数が大きくなるということだね。

C　$\frac{1}{5}$ m，$\frac{2}{5}$ m，$\frac{3}{5}$ m，$\frac{4}{5}$ m，$\frac{5}{5}$ mの順になります。

2 $\frac{1}{5}$ mから順に図に色をぬってみよう

T　色をぬって，わかったことや気づいたことなどを発表してください。

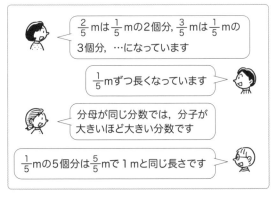

$\frac{2}{5}$ mは$\frac{1}{5}$ mの2個分，$\frac{3}{5}$ mは$\frac{1}{5}$ mの3個分，…になっています

$\frac{1}{5}$ mずつ長くなっています

分母が同じ分数では，分子が大きいほど大きい分数です

$\frac{1}{5}$ mの5個分は$\frac{5}{5}$ mで1mと同じ長さです

T　この図を1つの数直線に表してみます。1を5等分して目盛りを書いていきます。

$\frac{1}{5}$，$\frac{2}{5}$，…と順に確かめながら分数を書いていく。

C　1を5等分した1目盛りが$\frac{1}{5}$ だね。

C　右にいくほど数が大きくなるね。

ICT　1m のテープ図と1L マス図を複数のせてあるシートを児童のタブレットに送信しておく。図に分数を表していくことで理解が深まる。

3

＜数直線の目もりを読もう＞

㋐
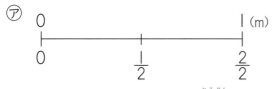

0 と 1 の間を 2 等分

㋑
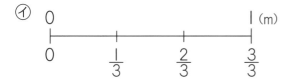

㋒
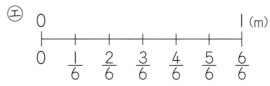（上部）

㋓

$$\frac{2}{2} = \frac{3}{3} = \frac{4}{4} = \frac{6}{6} = 1$$

分母と分子が同じ数のときは 1

---

3 数直線の目盛りを読み取ろう

T　㋐の数直線から考えましょう。㋐の数直線は，0 と 1 の間を何等分していますか。

C　2 等分です。ということは，1 目盛りは $\frac{1}{2}$ m になるよ。

　同じように，㋑～㋓の数直線も，0 と 1 の間を何等分しているかで，1 目盛りがいくつになるかを考える。

C　1 を何等分しているかが分母になるね。

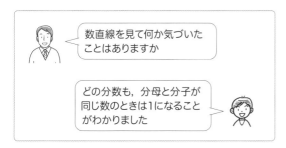

T　$\frac{1}{12}$ m を何個集めると 1 になりますか。

C　分母と同じ数だから 12 個です。

4 $\frac{5}{7}$ と $\frac{3}{7}$ はどちらが大きいか比べよう

T　どうやって比べたか説明してください。

C　$\frac{5}{7}$ は $\frac{1}{7}$ の 5 個分で，$\frac{3}{7}$ は $\frac{1}{7}$ の 3 個分です。分母が同じときは，分子が大きいほど大きい数になります。

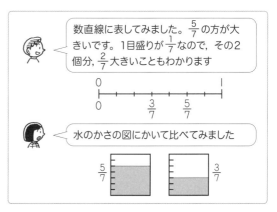

　大小比較の方法を数直線だけに限らず，それぞれの子どものやり方を交流していく。
　ふりかえりシートも活用する。

1より大きい分数

本時の目標　単位分数の何個分という考え方で，1を超える量も分数で表せることを理解する。

板書例

1より大きい数を分数で表そう

⑦は何 m ですか

1

```
0          1          2 (m)
├──┬──┬──┬──┬──┬──┬──┬──┤
0
   ⑦   1/8 m?
       1/4 m?        1mを4等分しているので 1/4 m
```

2

```
0          1              2 (m)
├──┬──┬──┬──┬──┬──┬──┬──┤
0  1/4 2/4 3/4 4/4 5/4 6/4 7/4 8/4
          1/4 mの  5こ分        8こ分
```

1より大きな分数でも「□分の1」の何こ分で表すことができる。

POINT 単位分数の読み取りができたら，1より大きな分数も $\frac{1}{\square}$ の何個分かで表すことができます。

1 ⑦は何mか分数で表そう

ワークシートを使って学習する。

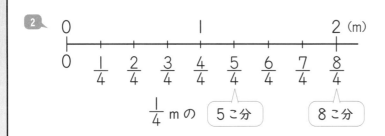

全体を8個に分けているから $\frac{1}{8}$ mではないかな

0と1の間を何等分しているかで考えないといけないと思うよ

1よりも大きい分数になると，単位分数を $\frac{1}{8}$ mと見てしまう間違いが出てくる。なぜ，$\frac{1}{8}$ mは間違いなのかを言葉で説明できるようにする。

C　1mをもとにするので，1mを何等分しているかで考えないといけません。1mを4等分しているので，⑦は $\frac{1}{4}$ mになります。

2 1よりも大きい分数を表そう

T　数直線の目盛りに分数を書きましょう。
C　1mを4等分しているから，$\frac{1}{4}$m，$\frac{2}{4}$m，$\frac{3}{4}$m，$\frac{4}{4}$mになります。

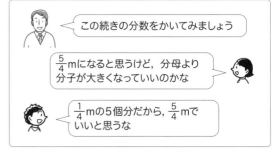

この続きの分数をかいてみましょう

$\frac{5}{4}$mになると思うけど，分母より分子が大きくなっていいのかな

$\frac{1}{4}$mの5個分だから，$\frac{5}{4}$mでいいと思うな

T　$\frac{1}{4}$mの5個分，6個分，…も分母を4にして $\frac{5}{4}$m，$\frac{6}{4}$m，と表していきます。
C　$\frac{4}{4}$mが1mで，$\frac{8}{4}$mが2mになっている。
C　1mよりも大きい数も分数で表すことができるんだね。

3

$< \dfrac{7}{6}$ mと $\dfrac{9}{6}$ mをくらべよう>

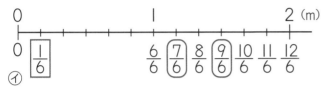

$\dfrac{9}{6}$ mの方が $\dfrac{2}{6}$ m長い

4

<1mと2mを分数で表そう>

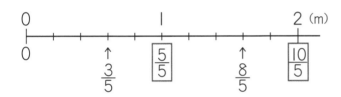

3　$\dfrac{7}{6}$ mと $\dfrac{9}{6}$ mの長さを比べよう

T　㋑を分数で表すと何mですか。

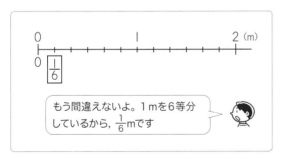

> もう間違えないよ。1mを6等分
> しているから，$\dfrac{1}{6}$ mです

　　数直線の目盛りに分数を書き込む。

T　$\dfrac{7}{6}$ mと $\dfrac{9}{6}$ mでは，どちらがどれだけ長いでしょ
　う。数直線を見て考えましょう。

C　$\dfrac{9}{6}$ mの方が長いです。$\dfrac{7}{6}$ mは $\dfrac{1}{6}$ mの7個分，
　$\dfrac{9}{6}$ mは $\dfrac{1}{6}$ mの9個分の長さです。

C　1目盛りが $\dfrac{1}{6}$ mだから，$\dfrac{1}{6}$ mの2個分，$\dfrac{2}{6}$ m長い
　です。

4　数直線の目盛りを読み取ろう

T　次の数直線の1mと2mを分数で表してみましょう。

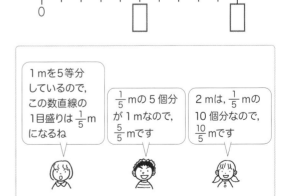

> 1mを5等分
> しているので，
> この数直線の
> 1目盛りは $\dfrac{1}{5}$ m
> になるね

> $\dfrac{1}{5}$ mの5個分
> が1mなので，
> $\dfrac{5}{5}$ mです

> 2mは，$\dfrac{1}{5}$ mの
> 10個分なので，
> $\dfrac{10}{5}$ mです

　ここでもまず単位分数を読み取り，単位分数の何個分かで
考えていく。$\dfrac{3}{5}$ mや $\dfrac{8}{5}$ mが表す目盛りを答える問題もする。
　ふりかえりシートも活用する。

第 **7** 時
分数と小数の関係

本時の目標 分母が 10 の分数と小数の関係について理解する。

板書例

[1] 0.3 m と $\frac{3}{10}$ m はどちらが長い？

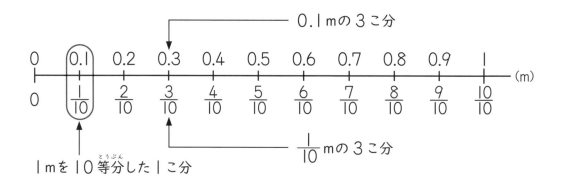

1 を 10 等分した 1 こ分の 0.1 と $\frac{1}{10}$ は同じ大きさ

POINT 教科書によって，「分数」と「小数」の学習の順番が異なります。本書では，「小数」を学習済みとした内容になります。

1 0.3 m と $\frac{3}{10}$ m ではどちらが長いか考えよう

ワークシートを使って学習する。

C $\frac{3}{10}$ m は 1 m を 10 等分した 3 個分の長さです。

C 0.3 m も 1 m を 10 等分した 3 個分の長さだよ。

C 0.3 m と $\frac{3}{10}$ m は同じ長さということかな。

T 数直線を使って確かめましょう。

数直線を提示し，目盛りに小数，分数を書いていく。

C どちらも 1 m を 10 等分しているね。

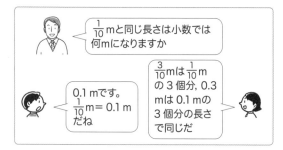

C 同じ長さを分数と小数の 2 つで表すことができるんだね。

2 0.6L を分数で表してみよう

かさも長さと同じです。0.6L は 1L を 10 等分した 6 個分だから，分数では $\frac{6}{10}$L になります

数直線で 0.6 L $= \frac{6}{10}$ L を確かめる。

C 0.1L の 6 個分と，$\frac{1}{10}$L の 6 個分のかさは同じです。

T 0.7 L と等しい大きさを分数で表すと何 L ですか。

C $\frac{7}{10}$ L です。

分数⇔小数を何個か確かめる。
小数第一位を $\frac{1}{10}$ の位ということも説明する。

88

| 準備物 | ・板書用数直線，1L ます図
・ゲーム用カード（児童数× 20 枚）
QR ワークシート
QR ふりかえりシート | I C T | 分数と小数が同時に書かれた1m のテープ図や1L のマス図のシートを児童のタブレットに送信しておく。教師は小数や分数で数を言い，児童は記入して提出する。 |

2

< 0.6L を分数で表してみよう>

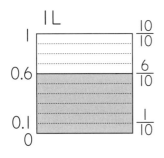

0.1 L = $\frac{1}{10}$ L

0.6 L = $\frac{6}{10}$ L

3

<分数・小数
大きさくらべゲーム>

・ 0.1 ～ 1 のカード
10 まいと，
$\frac{1}{10}$ ～ $\frac{10}{10}$ のカード
10 まいをまぜる

・ 1 まいずつめくって数の
大きさをくらべる

・ 大きい数の人が勝ち

---

3 分数・小数の大きさ比べゲームをしよう

T　カードを使って大きさ比べゲームをしましょう。

【準備】
　1 人 20 枚のカード（画用紙 6cm × 9cm 程度）を準備しておく。各自，小数カード（0.1 ～ 1）と分数カード（$\frac{1}{10}$ ～ $\frac{10}{10}$）を作る。0 を入れる場合は，カードを増やす。

T　ルールを説明します。

❶ 2 人で対戦する。

❷ 1 人は「小数」カードを，もう 1 人は「分数」カードを出す。合わせた 20 枚のカードをよく混ぜて裏返しにして真ん中に置く。

❸ 順番に 1 枚ずつめくる。数を比べて大きい数の人が勝ち。勝った人がカードをもらう。

❹ あいこの場合は，また 1 枚ずつカードを場に置き，次に勝った人が合わせてもらう。

❺ カードがなくなったら終わり。

❻ カードの枚数が多い方が勝ち。

学習のまとめをする。
ふりかえりシートも活用する。

分数のたし算

本時の目標 分数のたし算の意味と計算の仕方を理解し，計算できる。

板書例

分数の計算を考えよう

1

お茶をきのう $\frac{1}{5}$ L，今日 $\frac{2}{5}$ L 飲みました。合わせて何 L 飲みましたか。

式 $\frac{1}{5} + \frac{2}{5}$

2

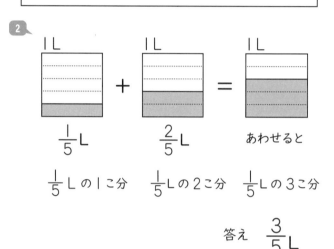

$\frac{1}{5}$ L　　$\frac{2}{5}$ L　　あわせると

$\frac{1}{5}$ L の 1 こ分　　$\frac{1}{5}$ L の 2 こ分　　$\frac{1}{5}$ L の 3 こ分

$\frac{1}{5} + \frac{2}{5}$ は，
$\frac{1}{5}$ をもとにして，
1＋2 の計算で考える。
分母はそのままで，
分子だけをたす。

答え $\frac{3}{5}$ L

POINT　なぜ分母はたさないのか，どんな場面でたし算が成り立つのかを学べるようにしましょう。

1 お茶を昨日 $\frac{1}{5}$ L，今日 $\frac{2}{5}$ L 飲みました。合わせて何 L 飲みましたか

T　答えは何 L になるか考えてみましょう。

まずは，各自で考える時間を取る。

合わせるからたし算だよ。
式は，$\frac{1}{5} + \frac{2}{5}$ です。
答えは $\frac{3}{10}$ L かな？

どんなふうに計算すればいいのかな？分母も分子もたすのかな？図をかいてみよう

T　図に表してみるのはいいですね。ノートに $\frac{1}{5}$ L と $\frac{2}{5}$ L の図をかいて考えてみましょう。

分数定規を使って図をかく。

T　考え方を説明できるようにノートにまとめましょう。

2 図を使って計算の仕方を説明しよう

$\frac{1}{5}$ L は $\frac{1}{5}$ L が1個で，
$\frac{2}{5}$ L は $\frac{1}{5}$ L が2個です。
合わせると $\frac{1}{5}$ L が3個になるので，答えは $\frac{3}{5}$ L になります

$\frac{1}{5}$ L をもとにして考えるので，$\frac{1}{5}$ L が
1＋2＝3 で $\frac{3}{5}$ L になります。分母は
1L を5等分している意味なのでそのままです。分子の1と2をたします

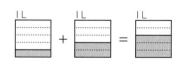

C　$\frac{1}{5}$ が何個になるかを考えたらいいんだね。

C　図をかいてみると，分子だけをたし算すればいいことがよくわかったよ。

3

<$\frac{2}{5} + \frac{3}{5}$ を計算しよう>

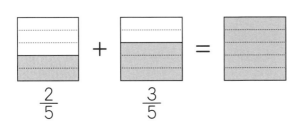

式　$\frac{2}{5} + \frac{3}{5} = \frac{5}{5}$

$= 1$

答えが整数にできるときは
整数になおす。

4

<$\frac{3}{4} + \frac{1}{4}$ の問題をつくろう>

3　$\frac{2}{5} + \frac{3}{5}$ を計算しよう

T　$\frac{2}{5} + \frac{3}{5}$ も図に表して考えてみましょう。

> $\frac{1}{5}$ を2個と，$\frac{1}{5}$ を3個
> 合わせると $\frac{1}{5}$ が5個に
> なります。答えは $\frac{5}{5}$ です

> 数直線に
> 表してみました

C　分母はそのままで，分子だけをたし算すればいい
　ので，$\frac{5}{5}$ になります。

C　$\frac{5}{5}$ は1と同じだったね。答えは1でもいいのかな。

T　このように答えが整数になる場合は整数で答えま
　しょう。

C　$\frac{2}{5} + \frac{3}{5} = 1$ です。

4　分数のたし算の練習問題をしよう

T　計算問題をしましょう。

①　$\frac{3}{7} + \frac{2}{7}$　　②　$\frac{2}{11} + \frac{6}{11}$

③　$\frac{1}{4} + \frac{3}{4}$　　④　$\frac{3}{8} + \frac{5}{8}$

　早くできた児童は，$\frac{3}{4} + \frac{1}{4}$ の式になる文章問題作りをする。問題は，分離量（個や人，枚で表す量）ではなく，長さやかさ，重さなどの連続量でないと成り立たないことに注意する。

> できたよ。「赤い色紙が $\frac{3}{4}$ 枚，
> 青い色紙が $\frac{1}{4}$ 枚あります。
> 合わせて何枚ですか」

> うーん，色紙が
> $\frac{3}{4}$ 枚って変じゃな
> いかな…

ふりかえりシートも活用する。

分数のひき算

板書例

分数の計算を考えよう

1

あみさんの水とうには $\frac{3}{8}$ L 入ります。

るいさんの水とうには $\frac{5}{8}$ L 入ります。

2 人の水とうに入るかさのちがいは何 L ですか。

式　$\frac{5}{8} - \frac{3}{8}$

2

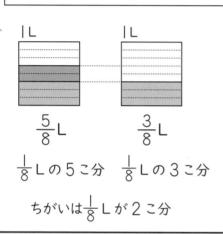

$\frac{5}{8}$L　　$\frac{3}{8}$L

$\frac{1}{8}$L の 5 こ分　$\frac{1}{8}$L の 3 こ分

ちがいは $\frac{1}{8}$L が 2 こ分

$\frac{5}{8} - \frac{3}{8}$ は，

$\frac{1}{8}$ をもとにして，

5－3 の計算で考える。

分母はそのままで，
分子だけ計算する。

答え　$\frac{2}{8}$ L

POINT　本時も，分数のたし算と同じように図を使って計算の仕方を子どもたちが説明できるようにします。

1　$\frac{3}{8}$L と $\frac{5}{8}$L の違いは何 L ですか

C　式は，$\frac{5}{8} - \frac{3}{8}$ になります。

たし算の計算の仕方から考えると，$\frac{5}{8} - \frac{3}{8} = \frac{2}{8}$ だと思うよ

ひき算も分母はそのままで，分子だけを計算したらいいと思うよ

C　図に表して答えを確かめてみよう。
　　分数定規を使って図をかく。

C　2 つの図を並べたら，答えは $\frac{2}{8}$L とわかります。

T　たし算と同じように，考え方を説明できるようにノートにまとめましょう。

2　図を使って計算の仕方を説明しよう

$\frac{5}{8}$L は $\frac{1}{8}$L が 5 個で，$\frac{3}{8}$L は $\frac{1}{8}$L が 3 個です。違いは $\frac{1}{8}$L が 2 個で，答えは $\frac{2}{8}$L になります

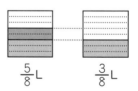

$\frac{5}{8}$L　　$\frac{3}{8}$L

$\frac{1}{8}$L をもとにして考えるので，$\frac{1}{8}$L が 5－3＝2 で $\frac{2}{8}$L になります。分母は 1L を 8 等分している意味なのでそのままです。分子の 5 から 3 をひきます

C　ひき算も，分母はそのままで，分子だけを計算すればいいんだね。

準備物	・板書用1Lます図 QR 文章問題作りシート QR ふりかえりシート	I C T	計算問題と答えを，できるだけ多くタブレットに送信しておく。児童が自分のペースで計算練習ができる。できた問題は答え合わせをして，教師に送信する。

3 <1 − $\frac{1}{4}$ を計算しよう>

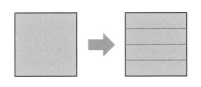

$1 = \frac{4}{4}$

式 $1 − \frac{1}{4} = \frac{4}{4} − \frac{1}{4}$
$= \frac{3}{4}$

4 <1 − $\frac{4}{5}$ の問題をつくろう>

$1 − \frac{4}{5}$
(m)　(m)

「1−分数」は，1をひき算ができる分数になおして計算する。

（1は，分母と分子が等しい分数）

---

3 1 − $\frac{1}{4}$ を計算しよう

T　計算の仕方を考えましょう。

C　1のままでは計算できないよ。

C　1を分数になおしたらいいね。分母と分子が同じ数のときは1と同じだったよ。

> 1を分数になおします。
> $\frac{1}{4}$ と同じ分母にします。
> $1 = \frac{4}{4}$ です

> そうか，ひく分数の分母と同じにしないと計算できないね。
> $\frac{4}{4} − \frac{1}{4} = \frac{3}{4}$ です

T　このように1から分数をひく場合は，ひく数の分母に合わせて，分母と分子が同じ数の分数になおせば計算できます。

4 分数のひき算の練習問題をしよう

T　計算問題をしましょう。

① $\frac{5}{6} − \frac{1}{6}$　　② $\frac{3}{5} − \frac{1}{5}$

③ $\frac{8}{9} − \frac{6}{9}$　　④ $1 − \frac{3}{5}$

⑤ $1 − \frac{7}{10}$　　⑥ $1 − \frac{5}{12}$

　早くできた児童は，$1 − \frac{4}{5}$ の式になる文章問題作りをする。たし算のときと同じように，連続量を扱う問題になっているか気をつける。本時の導入が求差の問題なので，求残の問題づくりになるよう，「食べました」「飲みました」「使いました」という言葉を使う条件をつけてもよい。

　また，$1m − \frac{4}{5}m$ の式になる長さの量を使った文章問題作り指定にしてもよい。

　ふりかえりシートも活用する。

名
前
_____

● 次の色のついた長さを分数で表しましょう。

① 　　　　　　　　　　　　□ m

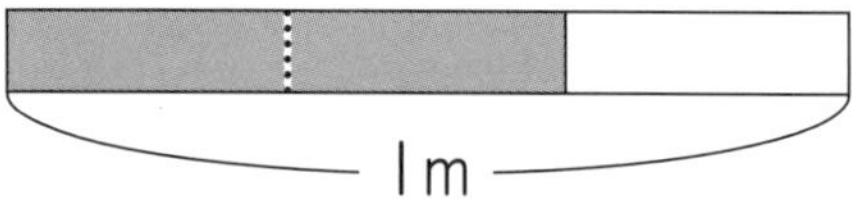

② 　　　　　　　　　　　　□ m

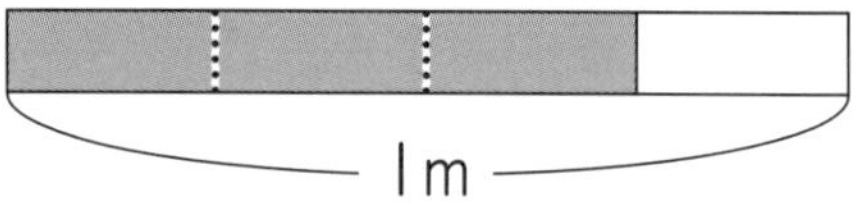

③ 　　　　　　　　　　　　□ m

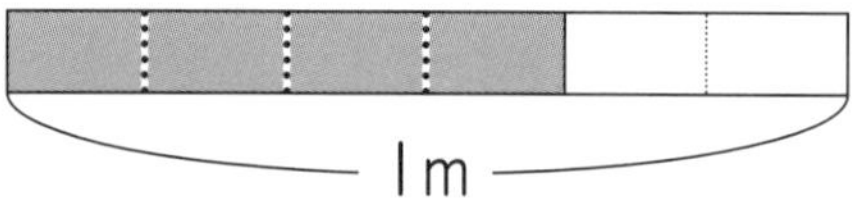

④ 　　　　　　　　　　　　□ m

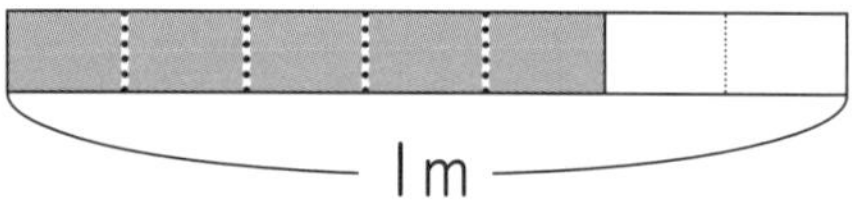

⑤ 　　　　　　　　　　　　□ m

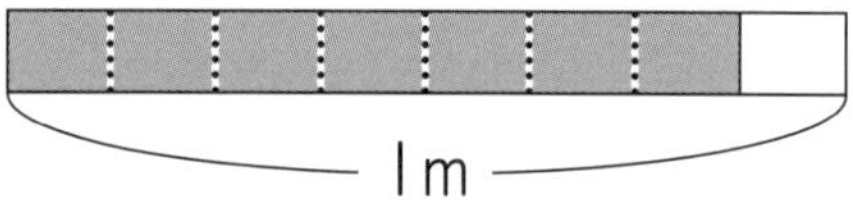

名
前
_____

1　次の数直線を見て答えましょう。

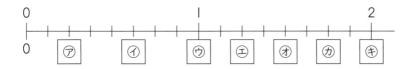

①　㋐〜㋖を分数で表しましょう。

㋐（　　　）㋑（　　　）㋒（　　　）㋓（　　　）

㋔（　　　）㋕（　　　）㋖（　　　）

②　$\frac{14}{8}$ m と $\frac{11}{8}$ m では，どちらがどれだけ長いですか。

（　　　）m のほうが（　　　）m 長い。

③　1m と $\frac{9}{8}$ m では，どちらがどれだけ長いですか。

（　　　）m のほうが（　　　）m 長い。

2　□にあてはまる等号（＝），不等号（＜，＞）を書きましょう。

①　$\frac{2}{7}$ □ $\frac{5}{7}$　　　②　1 □ $\frac{8}{9}$

③　2 □ $\frac{10}{5}$　　　④　$\frac{4}{3}$ □ $\frac{5}{3}$

⑤　$\frac{8}{8}$ □ $\frac{7}{8}$　　　⑥　$\frac{12}{12}$ □ 1

□を使った式

◎ 学習にあたって ◎

<この単元で大切にしたいこと>

本単元は「わからない数」（未知数）を□などの記号を用いて表す学習です。問題文の文脈通りに□を使って数量の関係を立式できる力をつけ，□にあてはまる数を求めます。本書では，次の2つのことを大切に進めていきます。

1つは，□を使った式に表すまでの学習の流れです。児童はこれまで問題を解くために立式していたため，場面の数量関係を□を使った式に表すことには慣れていません。本書では絵を使ったお話で問題場面を提示することで数量関係がよくわかるようにしました。絵図に示された数量の順に言葉の式に表すことができます。そして，その言葉の式を，□を使った式に表していく学習の流れにしています。

もう1つは，数量の関係を表す図です。かけ算・わり算では，「1あたりの数」「いくつ分」「全部の数」の3つの量をそれぞれ独立させて，3つの量の関係を表しています。そのように3つの数量を独立させて図を構成することで，□にあてはまる数が求めやすくなります。また，たし算・ひき算でも，下図のようにテープを別にして表す方法もあります。

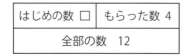

（第1時）

はじめの数　□	もらった数　4
全部の数　12	

（第2時）

はじめの数　15	
あげた数　□	のこりの数　8

<数学的見方考え方と操作活動>

□を使った式で表される数量の関係を図に表すことで関係が明確になります。□にあてはまる数を求める方法を考えるためにも図の役割は大きいです。図を大切にしながら学習を進めていきます。

□にあてはまる数を求めます。たし算とかけ算の式では，□にあてはまる数を逆算で求めることができます。しかし，ひき算とわり算では，「ひかれる数」「わられる数」はそれぞれの逆算で求められますが，「ひく数」「わる数」は，ひき算とわり算になります。教科書ではそれらの全てが扱われていません。四則計算の数量の関係を学習していく上で，全てを扱った方がよいと考えます。

<個別最適な学び・協働的な学びのために>

□にあてはまる数を求める方法として，1つには，およその数をあてはめてみて，それから増やしたり減らしたりしていく方法があります。もう1つは，図を手がかりにして四則計算の相互の関係から求める方法です。前者の方法も尊重しながら，数量の関係を表した式と図から，後者の方法で求めることを望みます。そのためにも，児童相互の意見の交流を大切にします。

◎ 評 価 ◎

知識および 技能	未知の数量を□で表すと，文脈通りに式や図に表せることを理解して，式に表したり，□にあてはまる数の求め方を理解して求めることができる。
思考力，判断力，表現力等	式は数量の関係や場面を簡潔に表すものとして，未知の数量を□を用いて式に表したり，図に表すことと関連づけたりして，数量の関係を的確に表すことを考えている。
主体的に学習に取り組む態度	未知の数量を□を用いて表すことで，文脈通りに式や図に表せるよさに気づき，すすんで□などに数をあてはめて用いようとする。

◎ 指導計画　4時間 ◎

時	題	目　標
1	お話を式に表す（たし算）	たし算の場面で，未知の数を□を用いて文脈通りに式に表し，□にあてはまる数を求めることができる。
2	お話を式に表す（ひき算）	ひき算の場面で，未知の数を□を用いて文脈通りに式に表し，□にあてはまる数を求めることができる。
3	お話を式に表す（かけ算）	かけ算の場面で，未知の数を□を用いて文脈通りに式に表し，□にあてはまる数を求めることができる。
4	お話を式に表す（わり算）	わり算の場面で，未知の数を□を用いて文脈通りに式に表し，□にあてはまる数を求めることができる。

お話を式に表す（たし算）

目本標時の　たし算の場面で，未知の数を□を用いて文脈通りに式に表し，□にあてはまる数を求めることができる。

板書例

□を使った式に表そう

 ⑦

あめを何こか
持っていました。

4こ
もらいました。

全部で12こに
なりました。

| はじめの数 | ＋ | もらった数 | ＝ | 全部の数 |

2　　　□　　　＋　　　4　　　＝　　　12

$$□ = 12 - 4$$
$$= 8$$

3　　はじめの数 □こ　　　もらった数 4こ

全部の数 12こ

□は ひき算でもとめる

POINT　3枚のお話の絵を使うことで，問題場面通りに数量関係を式に表すことができます。

1　⑦のお話の順に言葉の式で表そう

3枚のお話の絵を1枚ずつお話をしながら提示する。

どんな言葉の式になりますか。
3つの場面は何の数を表していますか

「はじめにあった数」「もらった数」
「全部の数」になります

T　1つの式に表してみましょう。
C　もらって増えたからたし算の式になるね。
C　「はじめの数＋もらった数＝全部の数」になります。
C　お話の通りに式に表したらいいんだね。

2　言葉の式を数字と□を使った式に表そう

T　言葉の式に数字をあてはめていきましょう。

わからない数は□で表しましょう。

わかっている数は，「もらった数」
の4と，「全部の数」の12だね

わからない数は，「はじめの数」です。
「はじめの数」を□で表したらいいね

C　式は，□＋4＝12になります。
T　図にも表してみましょう。

お話の通りにテープ図を
かいていき，お話の中で，
わからない数が何であるか
をはっきりさせる。

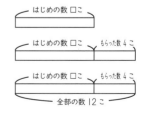

4

① 900g のランドセルに, 勉強道具を入れたら重さは 1700g になりました。

| ランドセルの重さ | + | 勉強道具の重さ | = | 全体の重さ |

$$900 + \square = 1700$$

$$\square = 1700 - 900$$
$$= 800$$

□は ひき算でもとめる

4
ランドセルの重さ　900g　勉強道具の重さ □g

全体の重さ 1700g

---

3 □の数はどうやって見つけたらいいか考えよう

C　4をたして12だから, 4 + 6 = 10, 4 + 7 = 11, 4 + 8 = 12, □は 8 になります。

> テープ図を見ると, 全部の数 12 から 4 をひくと□の数が求められます

> □は 12 − 4 = 8 で求められます

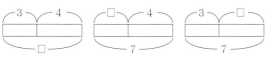

3 + 4 = 7
たし算で□を求める

□ + 4 = 7
7 − 4 = 3
ひき算で□を求める

3 + □ = 7
7 − 3 = 4
ひき算で□を求める

　立式が難しい場合は, テープ図を紙テープで見立て, 切り離すなどして全体と部分の関係を理解させる。

---

4 ①のお話の場面を□を使った式に表し, □にあてはまる数を求めよう

T　まずは, 言葉の式に表しましょう。
C　「ランドセルの重さ」＋「勉強道具の重さ」＝「全体の重さ」になります。
T　次は, 言葉の式に数字をあてはめます。
C　わからない数は□で表せばよかったね。
C　900 ＋□＝ 1700 になります。□に数字をあてはめていくのは大変だから…。

> テープ図に表してみよう。図を見ると, □は 1700 − 900 で求められるのがわかるよ

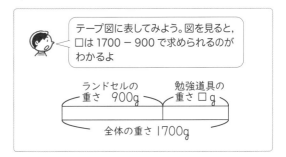

ランドセルの重さ　900g　勉強道具の重さ □g

全体の重さ 1700g

　ふりかえりシートも活用する。

お話を式に表す（ひき算）

本時の目標　ひき算の場面で，未知の数を□を用いて文脈通りに式に表し，□にあてはまる数を求めることができる。

□を使った式に表そう

⑦
1

ふくろに15こ　　友だちに何こか　　のこりは8こに
あめがあります　　あげました。　　なりました。

| はじめの数 | － | あげた数 | = | のこりの数 |

2
$$15 \quad - \quad \square \quad = \quad 8$$

3
$$\square = 15 - 8$$
$$= 7$$

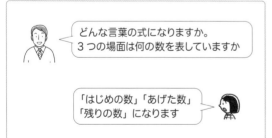

はじめの数　15こ

あげた数　□こ　　のこりの数　8こ

□は ひき算でもとめる

POINT　ひき算の場面も，3枚のお話の絵を使って，問題場面通りに式に表します。□の数の求め方は「たし算」と「ひき算」の

1　⑦のお話の順に言葉の式で表そう

3枚のお話の絵を1枚ずつお話をしながら提示する。

どんな言葉の式になりますか。
3つの場面は何の数を表していますか

「はじめの数」「あげた数」
「残りの数」になります

T　1つの式に表してみましょう。
C　あげた残りだから，ひき算の式になるね。
C　「はじめの数－あげた数＝残りの数」になります。
C　たし算と同じように，お話の通りに式に表したら
　　いいんだね。

2　言葉の式を数字と□を使った式に表そう

T　言葉の式に数字をあてはめていきましょう。わか
　　らない数は□で表しましょう。
C　わかっている数は，「はじめの数」の15と，「残
　　りの数」の8だね
C　わからない数は，「あげた数」です。「あげた数」
　　を□で表したらいいね
C　式は，15－□＝8になります。
T　テープ図にも表してみましょう。

　　帯だけをかき，3つの言葉「はじめの数」「食べた数」「残
　　りの数」をテープ図に記入させる。続けて数字と□も記入する。

C　□にあてはまる数は，⑨だと6，⑧だと7，
　　⑦だと8だから，□は7になります。

　　まずは，数字をあてはめて考えさせる。

4

㋑

ふくろに何こか　　　　　8こ　　　　　　　のこりは16こに
あめがあります。　　　食べました。　　　　なりました。

| はじめの数 | － | 食べた数 | ＝ | のこりの数 |

$$□ \quad － \quad 8 \quad ＝ \quad 16$$

$$□ = 8 + 16$$
$$= 24$$

はじめの数　□こ

| | |
| 食べた
数8こ | のこりの数 16こ |

□は　たし算でもとめる

2通りです。テープ図を見て違いを確かめましょう。

3 □を計算で求めてみよう

T　計算で 15 －□＝ 8 の□にあてはまる数を求めるには，どんな計算をしたらいいでしょう。

図を見たら，□は 15 － 8 の計算で求められることがわかります

C　言葉の式を見ても，「はじめの数－残りの数」で「あげた数」がわかります。

C　□は，ひき算で求められるんだね。

4 ㋑のお話の場面を□を使った式に表し，□にあてはまる数を求めよう

T　まずは，言葉の式に表しましょう。

C　「はじめの数」－「食べた数」＝「残りの数」になります。

T　次は，言葉の式に数字をあてはめます。

C　わからない数は□で表せばよかったね。

C　□－ 8 ＝ 16 になります。

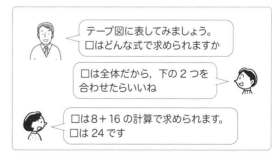

テープ図に表してみましょう。□はどんな式で求められますか

□は全体だから，下の2つを合わせたらいいね

□は8＋16の計算で求められます。□は 24 です

C　今度はたし算で□の数が求められたよ。

ふりかえりシートも活用する。

お話を式に表す（かけ算）

本時の目標 かけ算の場面で，未知の数を□を用いて文脈通りに式に表し，□にあてはまる数を求めることができる。

板書例

□を使った式に表そう

1 ⑦ 1はこに6こずつリンゴが
　 入ったはこが5はこあります。
　 リンゴは全部で30こです。

1はこの数	×	はこの数	=	全部の数

$$6 \times 5 = 30$$

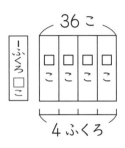

36こ

1ふくろ□こ

4ふくろ

2 ④ 1ふくろにあめが何こかずつ
　 入っています。
　 そのふくろが，4ふくろあります。
　 あめは全部で36こあります。

1ふくろの数	×	ふくろの数	=	全部の数

$$\square \times 4 = 36$$

3
・数字をあてはめる　　・わり算でもとめる

$$\boxed{} \times 4 = 36$$
　　⋮
$$\boxed{7} \times 4 = 28$$
$$\boxed{8} \times 4 = 32$$
$$\boxed{9} \times 4 = 36$$

$$\boxed{} = 36 \div 4$$
$$= 9$$

POINT かけ算の「1つ分の数」「いくつ分」「全部の数」の3つの量をはっきりとさせて進めていきます。

1 ⑦のお話の場面を式に表そう

T ⑦1箱に6個ずつリンゴが入った箱が5箱あります。リンゴは全部で30個になります。

> 式に表すと何算になりますか
>
> 6個ずつが5箱だから，かけ算です
>
> 式に表すと，6×5＝30になります

T 言葉の式に表すとどうなりますか。
C 「1箱の数」×「箱の数」＝「全部の数」になります。

　　かけ算の式が「1つ分の数×いくつ分＝全部の数」で表されることを確認しておく。

2 ④のお話の場面を式に表そう

T 1ふくろにあめが何個かずつ入っています。4ふくろあります。あめは全部で36個です。
C これも言葉の式に表すとかけ算になるね。
　「1ふくろの数×ふくろの数＝全部の数」です。
　「1ふくろの数」がわかりません。
T □を使った式に表してみましょう。
C 言葉の式にあてはめて，□×4＝36です。

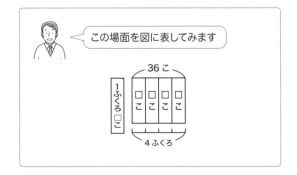

> この場面を図に表してみます

36こ

1ふくろ□こ

4ふくろ

4

> ⑰ 花が7本ずつの花たばが，
> 何たばかあります。
> 花は全部で 56 本です。

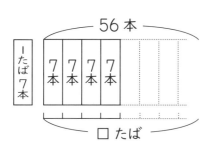

| 1たばの数 | × | たばの数 | = | 全部の数 |

$$7 \times \square = 56$$

$$\square = 56 \div 7$$

$$= 8$$

3 □を求める方法を考えよう

T □を使った式や図から□にあてはまる数を考えましょう。

C □×4＝36だから，□に数字を入れてかけ算九九で探したらいいです。⑨×4＝36で，□は9になります。

図を見たら，36個を4等分しているから，36÷4のわり算で□は求められます

「1つ分の数」を求めるのはわり算でした

□は36÷4＝9になります

4 ⑰のお話の場面を□を使った式に表し，□にあてはまる数を求めよう

⑰のお話の場面を簡単な図に表す。

C これもかけ算の式になります。「1たばの数×たばの数＝全部の数」になります。

C 「1たばの数」がわからないので□で表すと，7×□＝56になります。

□は，かけ算九九で求められるね。7×⑧＝56で，□は8になります

図を見たら，56を7ずつに分けているからわり算で求められます

「いくつ分」を求めるのもわり算でした。56÷7＝8で□は8です

ふりかえりシートも活用する。

お話を式に表す（わり算）

本時の目標　わり算の場面で，未知の数を□を用いて文脈通りに式に表し，□にあてはまる数を求めることができる。

板書例

□を使った式に表そう

1 ㋐

| あめが24 こあります。 | 何人かで同じ数ずつ分けました。 | 1人分は4こになりました。 |

1

| 全部の数 | ÷ | 人数 | = | 1人分の数 |

$$24 ÷ □ = 4$$

2

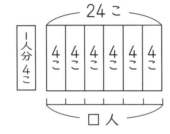

24 こ

1人分4こ　| 4こ | 4こ | 4こ | 4こ | 4こ | 4こ |

□ 人

$$□ = 24 ÷ 4$$
$$= 6$$

POINT　わり算でも，「全部の数」「いくつ分」「1つ分の数」の3つの量をはっきりさせて進めていきます。

1 ㋐のお話の場面を言葉の式に表そう

T　あめが24個あります。何人かで同じ数ずつ分けると，1人分は4個になりました。

C　同じ数ずつ分けて，1人分の数を答えているので，わり算の式になるね。

T　言葉の式に表すとどうなりますか。

C　「全部の数」÷「人数」＝「1人分の数」になります。

言葉の式に数をあてはめてみましょう

「全部の数」と「1人分の数」はわかっているね「人数」がわからないので□で表すよ

24 ÷ □ = 4 になります

2 図をかいて，□を求める方法を考えよう

式と照らし合わせながら図を完成させる。

□の数を求めましょう

図を見ると，24 を 4 ずつに等分すると□がわかるよ

24 ÷ 4 で□を求めることができます

いくつ分を求めるのはわり算でした

C　□に数を順にあてはめてみました。
24 ÷ ③ = 8，24 ÷ ④ = 6，24 ÷ ⑥ = 4 です。

C　図を見て，かけ算の式に表すこともできると思いました。「1人分の数×人数＝全部の数」だから，4 × □ = 24 で，□は 6 になります。

3

⑦

| おり紙が
何まいか
あります。 | | 1人に
7まいずつ
分けました。 | | 6人に
分けることが
できました。 |

| 全部の数 | ÷ | 1人分の数 | = | 人数 |
| □ | ÷ | 7 | = | 6 |

3 1人分7まい・全部のまい数 □まい ・6人

$$□ = 7 × 6$$
$$= 42$$

3 ⑦のお話の場面を式に表そう

T 折り紙が何枚かあります。1人に7枚ずつ分けると，6人に分けることができました。

 わからない数を□として式に表しましょう

「全部の数」÷「1人分の数」=「人数」にあてはめてみよう

 「全部の数」がわからないので□として，□÷7＝6になります

C ⑦は，「人数」を求めるわり算だね。
C これも図に表すと，かけ算で求められることがわかるよ。
C 7×6＝□で，7×6＝42，□は42になります。

4 いろいろなお話の場面を式に表そう

T ⓐ～ⓕのお話の場面を，わからない数を□としてそれぞれ式に表してみましょう。

本単元のまとめをする。場面をたし算，ひき算，かけ算，わり算の式に表す。（ワークシートを使用する）

ⓤ 1台の車に3人ずつ乗ります。何台かに乗ると，全部で21人乗れました。
ⓔ 1台の車に何人かずつ乗ります。3台に乗ると，全部で21人乗れました。

 ⓤとⓔはどちらもかけ算になるね

ⓤは，「車の数」がわからない数で，ⓔは，「1台分の人数」がわからない数だね

 式は，ⓤは，3×□＝21，ⓔは，□×3＝21になります

かけ算の筆算 (2)

◎ 学習にあたって ◎

<この単元で大切にしたいこと>

この単元で，2，3 位数×2 位数の場面や計算の仕組み，計算方法を理解し，正確に計算できるようにします。そのために次の 4 点を大切に学習を進めていきます。

① 具体的な場面と結びつけた算数ブロックで図を構成して，2，3 位数×2 位数の仕組みを目で見て理解できるようにします。

② 算数ブロックの図と筆算とを結びつけて，筆算の仕方を理解できるようにします。

③ 繰り上がりのある筆算を，基本的なものから複雑なものへと型分けして計算のつまずきをなくします。

④ かけ算や和で繰り上がった数を小さく書くなどの工夫をして，計算できるようにします。

<数学的見方考え方と操作活動>

既習の乗法の意味や十進位取り記数法などを適切に表すことができる算数ブロックを活用して，新しい計算の仕方を考えていけるようにします。筆算の方法を考えるときは，乗数を十の位と一の位に分ける考えがいかせるようにします。

<個別最適な学び・協働的な学びのために>

既習の学習から計算方法を考えた児童の発言を取り上げて授業を進めていきます。筆算の学習にある間違いやつまずきを大切に取り上げて学習を深めていくようにします。そして，授業時間内に全ての児童が達成できるように工夫するとともに，文章問題作りや虫食い算の問題を準備しておいて学習が深められるようにもします。また，計算ゲームなどをして，楽しく児童がつながり合いながら学習できるようにします。

◎ 評 価 ◎

知識および技能	2, 3位数×2位数の計算の仕方や筆算の仕方について理解し, 計算ができるようになる。
思考力, 判断力, 表現力等	2, 3位数×2位数の筆算の仕方について, 数の構成や既習の乗法計算を基に考え, 表現したりまとめたりすることができる。
主体的に学習に取り組む態度	2, 3位数×2位数の筆算の仕方について, 2, 3位数×1位数の計算を基にできることのよさに気づき, 学習にいかそうとする。

◎ 指導計画　9時間 ◎

時	題	目　標
1	「1位数」×「何十」	2位数×2位数の入り口として, 「1位数×何十」の計算の仕方がわかり, 計算ができる。
2	「何十何」×「何十」	図を使って「何十何」×「何十」の答えを求めて, その計算の仕方を考える。
3	2位数×2位数の筆算の仕方①	2位数×2位数の場面を理解し, 答えを求めた方法から筆算の仕方を考える。
4	2位数×2位数の筆算の仕方②	2位数×2位数の基本的な型の筆算ができるようになる。
5	2位数×2位数（繰り上がりあり）	2位数×2位数で, 繰り上がりのある型の筆算ができるようになる。
6	2位数×2位数（繰り上がりあり・積の和でも繰り上がる）	2位数×2位数で, 繰り上がりが複数回あり, 積の和でも繰り上がる型の筆算ができるようになる。
7	筆算の工夫	何十をかける計算を簡略化したり, 交換法則を使ったりして, 筆算を工夫して計算することができる。
8	3位数×2位数	3位数×2位数の計算の仕方が理解でき, その筆算ができる。
9	3位数×2位数（空位あり）	3位数×2位数で, 0を含む数字の筆算の仕方を理解し, その筆算ができる。

板書例

3 × 40 の計算のしかたを考えよう

1

> 1 ふくろに 3 まいずつカードが入っています。
> ふくろは 40 ふくろあります。
> カードは全部(ぜんぶ)で何まいありますか。

式 3 × 40

3 × 40 = 40 × 3

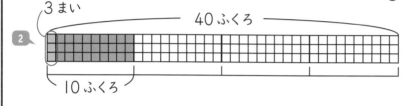

3まい
40 ふくろ

2

10 ふくろ

$$40 \times 3 \\ \overline{120}$$

3 × 10 = 30

30 × 4 = 120

式 3 × 10 × 4 = 120

答え 120 まい

ICT ブロックやカードを何度も操作して，計算することで理解が深まります。何問か繰り返し取り組ませましょう。

---

1 3 × 40 の答えを図から考えよう

問題文を提示する。

C 式は，3 × 40 です。答えは，どうやって求めるのかな。

> 3 × 40 を図に表してみました。図を見て，答えを考えましょう

> 10 ふくろ分は，3 × 10 = 30 で簡単に求めることができるよ

> 3 × 10 = 30 で，それが4つあると考えたら計算できるね

> 10 ずつのまとまりにしたらどうだろう

C かけ算は，かける数とかけられる数を入れかえても答えは同じだから，40 × 3 と考えてもいいね。

掲示用の算数ブロックは，3 × 10 のかたまりを 4 つ作っておくと便利である。

2 計算方法をノートにまとめて説明しよう

A さん

> まず，10 ふくろ分を求めました。
> 3 × 10 = 30 (まい)
> 次に，40 ふくろ分なので，30 (まい)
> が 4 つあります。
> 30 × 4 = 120 (まい)
> 1つの式にすると，
> 3 × 10 × 4 = 120 で，
> 答えは 120 枚です

B さん

> カードを 10 枚ずつでまとめてみました

> 10 が 3 × 4 = 12
> 10 が 12 本だから 120 です。
> 1つの式にすると，10 × 3 × 4 = 120 で，
> 答えは 120 枚になります

2 カードを 10 まいずつまとめる

10
 が
$3 \times 4 = 12$

10 が 12 本で 120

式　$10 \times 3 \times 4 = 120$

答え　120 まい

3 $3 \times 10 \times 4 = 3 \times 4 \times 10$
$10 \times 3 \times 4 = 3 \times 4 \times 10$ ＞ $\boxed{3 \times 40 = 3 \times 4 \times 10}$

3 　3 × 40 の計算方法をまとめよう

 私も，A さんと同じで $3 \times 10 \times 4$ と考えました。そこから，式を入れかえて $3 \times 4 \times 10$ としました。10 をかける方が簡単と思ったからです

B さんの式も，数字を入れかえたら，$3 \times 4 \times 10$ とできるね

 $3 \times 40 = 3 \times 4 \times 10$ と計算する方法がよさそうだね

T　これまでの学習をいかして計算方法を考えることができましたね。

　「10 ずつまとめる」「かけ算は順番を入れかえても答えは同じ」「$3 \times 40 = 3 \times 4 \times 10$」の既習内容を子どもたちから引き出せるようにしたい。

4 　同じ計算方法でやってみよう

練習問題をする。

4×60 を同じように計算してみましょう

「×何十」の計算は，これまでのかけ算に「×10」をしたらできるね

$4 \times 60 = 4 \times 6 \times 10$
$\qquad = 24 \times 10$
$\qquad = 240$

学習のまとめをする。
ふりかえりシートを活用する。

板書例

21 × 30 の計算のしかたを考えよう

1

> 1人に 21 まいずつ色紙を配ります。
> 30 人に配るには，色紙は何まいいりますか。

式　21 × 30

答え　630 まい

2

【A さんの考え方】

10 人分は　21 × 10 = 210

30 人分なので　210 × 3 = 630

式　21 × 10 × 3

↓

3
21 × 3 × 10

10 人分

1 人分

30 人

POINT　2位数×2位数の筆算の入り口です。10 にまとめる，分けて計算するなどの考え方を出し合うことが大切です。

---

1 21 × 30 の答えを図から考えよう

問題文を提示する。

C　式は，21 × 30 です。今度は 2 桁になったよ。
　答えは，どうやって求めたらいいのかな。

> 21 × 30 を図に表してみました。
> 図を見て，答えを考えましょう

> まずは，10 人分を計算して，それに
> 3 をかけたら答えが出そうだよ

> 21 枚の 20 と 1 を分けて
> 考えたらどうかな

> 図の中に，10 が 10 集まった
> 100 が作れそうだよ

T　図に，百の枠と十の枠をかきいれてみましょう。
C　百が 6 つ，十が 3 つできたよ。全部で 630 にな
　ります。21 × 30 = 630 です。

2 21 × 30 = 630 の計算方法を説明しよう

A さん
> まず，10 人分で考えます。
> 21 × 10 = 210（まい）
> 次に，30 人分なので，210（まい）が
> 3 つあります。
> 210 × 3 = 630（まい）
> 1 つの式にすると，
> 21 × 10 × 3 = 630 です

B さん
> 21 枚を 20 枚と 1 枚に分けて考えます。
> 図を見ると，20 枚は，100 が 2 × 3
> で 600 になります。
> 1 枚は，1 × 30 で 30 になります。
> 600 + 30 = 630 です

C さん
> 前の時間の計算方法と同じように
> 考えました。630 と答えがわかって
> いるので最後に 10 をかけると考えて
> 21 × 30 = 21 × 3 × 10
> 21 × 3 × 10 = 630 です

準備物	・算数ブロック（板書用） QR ふりかえりシート	ICT	前時の板書や計算の説明の様子を画像や動画で保存しておき，本時の計算方法を考える時のヒントにするとよい。

2

【Bさんの考え方】

21 まい $\Big<$ 20 まい
1 まい

$20 × 30 = 600$ ◁ 図を見ると
100 が $2 × 3$

$1 × 30 = 30$

$600 + 30 = 630$

2

【Cさんの考え方】

$21 × 30 = 21 × 3 × 10$

$21 × 3 = 63$

$63 × 10 = 630$

3

$21 × 3 = 63$

$21 × 30 = 630$

3　$21 × 30$ の計算方法をまとめよう

分け方は違うけど，AさんもBさんも分けて考えているのがいいと思います

Aさんの式の $21 × 10 × 3$ を，前の時間と同じように順番を入れかえて $21 × 3 × 10$ にしたらいいと思います

Bさんの考えは $21 × 3$ の筆算に似ています。
$21 × 3$ は 20 と 1 に分けて 3 をかけました。ここでは 30 をかけているので，$21 × 3$ の答えの 63 に 0 をつけたらいいと思います

T　$21 × 30$ の計算は，「$21 × 3$ をして，それから 10 をかける」でいいですね。

4　同じ計算方法でやってみよう

練習問題をする。

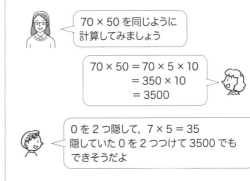

70 × 50 を同じように計算してみましょう

$70 × 50 = 70 × 5 × 10$
$= 350 × 10$
$= 3500$

0 を 2 つ隠して，$7 × 5 = 35$
隠していた 0 を 2 つつけて 3500 でもできそうだよ

70 × 50，100 が $7 × 5$ と考えてもいいね

学習のまとめをする。
ふりかえりシートを活用する。

2位数×2位数の筆算の仕方 ①

板書例

21 × 23 の計算のしかたを考えよう

1

| 1人に 21 こずつあめを配ります。
23 人に配るには，あめは何こいりますか。 |

式　21 × 23

答え 483 こ

2
【23 人を 20 人と 3 人に分ける考え方】
　20 人分　21 × 20 = 420
　3 人分　　21 × 3 = 63
　合わせると　420 + 63 = 483

【21 こを 20 こと 1 こに分ける考え方】
　20 こ分　20 × 23 = 460
　1 こ分　　1 × 23 = 23
　合わせると　460 + 23 = 483

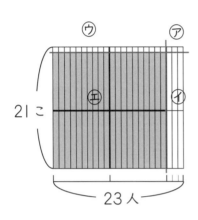

21 こ

23 人

POINT　21 × 23 の図と筆算を照らし合わせて，図のどの部分を求めている計算かを確かめながら進めていきます。

1　21 × 23 の図から答えを考えよう

問題文を提示して，式が 21 × 23 であることを確認する。

T　21 × 23 を図に表してみました。

C　これも，百と十のまとまりができそうだね。

図に太線で枠をかきいれる。

C　百が 4 つ，十が 2 本と 6 本で 8 本できたね。

C　1 が 3 個あるから，全部で 483 になります。

T　21 × 23 の計算方法を考えてみましょう。

| まずは，20 人分を計算して，残りの 3 人分を計算したらどうかな |

| 21 個を 20 個と 1 個に分けて考えたらどうかな |

第 1 時，2 時と同様，ブロック図から答えを求めて，計算方法を考える流れとなる。

2　21 × 23 = 483 の計算方法を話し合おう

| 【23 人を 20 人と 3 人に分けた考え方】
　20 人分は，21 × 20 = 420
　3 人分は，21 × 3 = 63
　合わせると，420 + 63 = 483 | |

| 【21 個を 20 個と 1 個に分けた考え方】
　20 個分は，図を見ると百が 4 個と十が 6 本なので
　20 × 23 = 460
　1 個分は，
　1 × 23 = 23
　合わせると，460 + 23 = 483 | |

C　どちらも 2 つに分けて考えているね。

T　みんなが考えた方法を使って，21 × 23 を筆算でやってみましょう。

| 準備物 | ・算数ブロック（板書用）
QR ふりかえりシート | ICT | 計算の仕方を個人で考えさせる。その時にノートやタブレットに書いた考えを全員で共有し，個々の考えを全員閲覧できるようにすると，ヒントにもなる。 | |

3
4

<筆算でやってみよう>

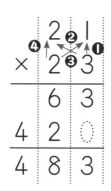

はじめは **3人分**

❶ $1 × 3 = 3$　図の⑦

❷ $2 × 3 = 6$　図の⑦
　$(20 × 3 = 60)$

つぎに **20人分**

❸ $1 × 2 = 2$　図の⑦
　$(1 × 20 = 20)$

❹ $2 × 2 = 4$　図の⑦
　$(20 × 20 = 400)$

❺ さいごに合わせる
　$63 + 420 = 483$

---

3 $21 × 23$ を筆算でやってみよう

T　まず，計算するのは
　　$21 × 3$ です。

C　$1 × 3 = 3$

T　この3は，図のどの部分で
　すか。

C　⑦です。

　　同じように，$2 × 3$ を計算して，
　図の場所を確認する。（図⑦）

T　次は，$21 × 2$ をします。

C　$1 × 2 = 2$　ただ，この
　2は20のことだから，
　$1 × 20$ だね。

C　図では⑦になるよ。

　　同じように，$2 × 2$（$20 × 20$）
　を計算して，図の場所を確認する。
　（図⑦）

C　答えは合わせて 483 だね。

4 筆算の方法でわかったことをまとめよう

T　$21 × 23$ の筆算をするのに，数字を分けて計算
　しましたね。まず，分けたのは何でしたか。

C　かける数の23を20と3に分けました。

　　図に縦に赤線を入れて20と3に分ける。

C　かけられる数の21も，20と1に分けて計算し
　ました。図に横に赤線を入れて20と1に分ける。

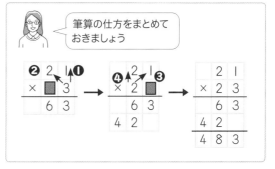

筆算の仕方をまとめて
おきましょう

学習のまとめをする。ふりかえりシートを活用する。

第 **4** 時

2位数×2位数の筆算の仕方 ②

本時の目標：2位数×2位数の基本的な型の筆算ができるようになる。

板書例

2けた×2けたの筆算ができるようになろう

1

| 1人に13こずつクッキーを配ります。 |
| 12人に配るには，クッキーは何こいりますか。 |

式　13×12

2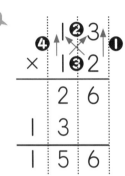

2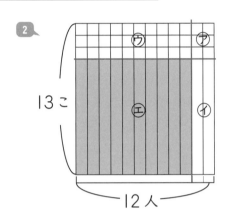

13こ　12人

答え　156こ

POINT　前時に続き，本時でも図を使って2位数×2位数の筆算の方法を確かめ，定着をはかります。

1 式を立てて，筆算で答えを求めよう

問題文を提示する。

T　式は，どうなりますか。

C　式は，13 × 12 です。

C　筆算の仕方はどうだったかな，前の時間のノートを見てみよう。

各自で筆算に取り組む。

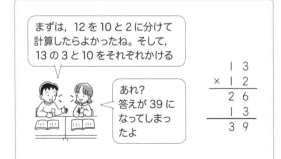

まずは，12を10と2に分けて計算したらよかったね。そして，13の3と10をそれぞれかける

あれ？答えが39になってしまったよ

この段階で筆算が完璧でなくてもよい。本時の学習で，基本の型を習熟できるようにしたい。

2 筆算が正しくできているか図で確かめよう

図を示して，筆算と照らし合わせながら確認する。

C　まず，13 × 2 をします。一の位は3 × 2 ＝ 6で，図では㋐になります。

同じように1 × 2もする。

C　次に，13 × 10 をします。3 × 1 ＝ 3は，本当は3 × 10なので答えの3は十の位に書きます。図では㋒になります。

同じように1 × 1もする。最後にたし算をする。

C　本当は1 × 1は10 × 10で100だから，1は百の位に書かないといけなかったね。

全員で「二三が6」「二一が2」「一三が3」「一一が1」と口に出しながら筆算をして確かめる。

116

3

| こ 21 円のチョコレートがあります。
34 こ買います。
代金は何円になりますか。

式　21 × 34

```
     2 1
  ×  3 4
─────────
     8 4  …21 × 4
  6 3      …21 × 3◯
─────────
  7 1 4
```

答え　714 円

4

```
     2 4          2 3
  ×  1 2       ×  3 2
─────────      ─────────
     4 8          4 6
  2 4          6 9
─────────      ─────────
  2 8 8        7 3 6
```

※ 練習問題をする。

---

3 式を立てて，筆算で答えを求めよう

問題文を提示する。

C　式は，21 × 34 です。筆算で計算してみよう。

> 1 × 3 ＝ 3 の 3 を書く位を
> 間違えていたけど，もう間違
> えないようにしよう

> 「21 × 4」と
> 「21 × 3」を
> 計算したらいいね

C　指で隠しながら
　　計算すると，間違
　　えずにできるよ。

```
     2 1
       4
─────────
     8 4
```

C　答えは 714 に
　　なりました。

```
     2 1
  ×  3
─────────
     8 4
  6 3
─────────
  7 1 4
```

4 筆算の練習をしよう。できた人は，
文章問題作りをしよう

練習問題をする。早くできた児童は，「24 × 12」の
式になる文書問題作りをする。
　① 24 × 12　　② 23 × 32　　③ 34 × 21
　④ 23 × 23　　⑤ 22 × 44

> 位を間違えないように
> 気をつけましょう

> 指で隠してやる
> 方法がわかり
> やすいね

```
     2 3
  ×  3
─────────
     4 6
  6 9
```

> 23 × 3 の答えには注意だね

　筆算ができているか，一人ひとりの計算をチェックして丸
つけをする。問題作りをしている間に，躓いている児童への
個別支援をする。

　学習のまとめをする。　ふりかえりシートを活用する。

板書例

筆算ステージをクリアしていこう

1 ステージ１

14 × 43

① 15 × 45
② 14 × 36
③ 27 × 23

```
    1 4
  × 4 3
  ───────
   4①2
  5①6
  ───────
  6 0 2
```

くり上がりに
気をつける

①
```
    1 5
  × 4 5
  ───────
   7②5
  6②0
  ───────
  6 7 5
```

②
```
    1 4
  × 3 6
  ───────
   8②4
  4①2
  ───────
  5 0 4
```

③
```
    2 7
  × 2 3
  ───────
   8②1
  5①4
  ───────
  6 2 1
```

POINT　繰り上がりのある筆算を4つの型に分け，次時とあわせて2時間で学習します。計算が続く単調な授業を，ステージを

1 ステージ❶　ひとつ目お化けと三つ目お化けの計算をクリアしよう

T　これから，筆算マスターを目指して4つのステージをクリアしてもらいます。それぞれのステージで，お化けが問題を出すので，それを解いて倒していきましょう。

① 15 × 45　② 14 × 36
③ 27 × 23
2問できないとクリアできないよ

14 × 43 を筆算でできるかな

この計算には繰り上がりがるね。前に繰り上がりがある筆算はしたことがあるよ

繰り上がった数を忘れないように小さく書いておけばいいね

C　これも繰り上がりがある計算だね。同じように繰り上がった数を小さく書いておこう。

　全員の計算を確認して丸つけをする。

T　できた人は，虫食い算に挑戦しましょう。

①
```
    1 6
  × 3 ○
  ───────
   8 0
  4 ○
  ───────
  ○ 6 0
```

②
```
    1 ○
  × ○ 4
  ───────
   7 6
  ○ 7
  ───────
  6 4 ○
```

③
```
    3 6
  × 2 ○
  ───────
  1 ○ 4
  ○ 2
  ───────
  8 ○ 4
```

ステージ❷に行く前に一旦時間を取り，虫食い算をしている間に，躓いている児童の個別支援をする。

ICT　隠れステージを用意。問題はタブレットに送信しておくと，児童の意欲が増す。答えも送信しておき，自分で採点する。できた問題は，教師に送信する。

---

② **ステージ２**

 　　64 × 23

　① 42 × 37
　② 83 × 39
　③ 72 × 38

①
```
      6 4
   ×  2 3
   ─────
   1 9①2
   1 2 8
   ─────
   1 4 7 2
```

②
```
      4 2
   ×  3 7
   ─────
   2 9①4
   1 2 6
   ─────
   1 5 5 4
```

```
      8 3
   ×  3 9
   ─────
   7 4②7
   2 4 9
   ─────
   3 2 3 7
```

③
```
      7 2
   ×  3 8
   ─────
   5 7①6
   2 1 6
   ─────
   2 7 3 6
```

位(くらい)をまちがえずに答えを書く

クリアしていくというゲーム感覚で進められるようにします。

2　ステージ❷　ヘビお化けとヘビお化けボスの計算をクリアしよう

T　ステージ❷へ突入です。この調子で進んでいきましょう。

① 42 × 37
② 83 × 39
③ 72 × 38
2問正解できたら
クリアとしよう

百の位にも繰り上がる問題だね

答えが4桁になったね。答えが大きい数になってきたよ

これまでと同じように，繰り上がりがきちんとできたら大丈夫

答えを書く場所を間違えないようにしないといけないね

C　このステージの筆算で気をつけることは，繰り上がりと，位を間違えずに答えを書くことだね。

T　早くできた人は，42 × 37になる文章問題を作りましょう。何問できるかな。

　早くできた児童用に発展的な問題を準備しておき，その間に個別支援をする。数と計算領域では，主に問題作りを取り入れる。計算を現実の場面に戻して，日常生活の具体的な場面で考えることになる。作った文章問題を交流する。
　学習の感想を書く。　ふりかえりシートを活用する。

板書例

筆算ステージをクリアしていこう

1 ステージ3

 86 × 32

① 34 × 74
② 56 × 84
③ 48 × 63

```
        ①            ②            ③
    8 6          3 4          5 6          4 8
  × 3 2        × 7 4        × 8 4        × 6 3
  ─────        ─────        ─────        ─────
  1 7①2        1 3①6        2 2②4        1 4②4
  2 5①8        2 3②8        4 4④8        2 8④8
  ─────        ─────        ─────        ─────
  2 7 5 2      2 5 1 6      4 7 0 4      3 0 2 4
```

POINT　繰り上がりのある筆算を4つの型に分け，前時とあわせて2時間で学習します。計算が続く単調な授業を，ステージを

---

1 ステージ❸　ねこお化けと凸凹お化けの計算をクリアしよう

T　今日もいろいろな計算にチャレンジします。どんなお化けが問題を出して来るかな。

① 34 × 74　② 56 × 84
③ 48 × 63
2問できないとクリアできないよ

86 × 32　繰り上がりがたくさんあるぞ！できるかニャー！

C　56 × 84 の 56 × 8 の答えを0を忘れて間違って書いたみたいだ。

```
    5 6
  × 8 4
  ─────
  2 2 4
  8④8
```

全員の計算を確認して丸つけをする。

繰り上がりが4回もあったよ。でも，繰り上げた数を小さく書いておいたから，忘れずに計算できたよ

今日の筆算は，繰り上がりがたくさん出てきそうだね。全部クリアしていこうね

T　できた人は，虫食い算に挑戦しましょう。

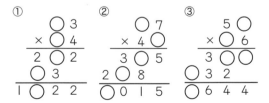

繰り上がりがたくさんある筆算も，計算の仕方は同じである。焦らず，一つひとつ丁寧に計算することを伝える。

ステージ❹に行く前に一旦時間を取り，虫食い算をしている間に，躓いている児童の個別支援をする。

ICT　ステージ4をクリアした児童には,「実は本当のラスボスがいた」として, 最後の特別問題をタブレットに送信する。できた児童から教室に送信し, 添削を受ける。

2 ステージ 4

69×68

① 84×67
② 79×47
③ 68×96

```
          ①              ②              ③
    6 9           8 4           7 9           6 8
  × 6 8         × 6 7         × 4 7         × 9 6
  ─────         ─────         ─────         ─────
  5 5⑦2         5 8②8         5 5⑥3         4 0④8
  ⑤             ②             ③             ⑦
4 1 4         5 0 4         3 1 6         6 1 2
─────         ─────         ─────         ─────
4 6 9 2       5 6 2 8       3 7 1 3       6 5 2 8
```

クリアしていくというゲーム感覚で進められるようにします。

2 ステージ ❹ 　クラゲお化けとお化け大魔王の計算をクリアしてゴールしよう

T　ステージ❹へ突入です。これが最後のステージです。ゆっくり丁寧に進みましょう。

69×68 だ, 難しいぞ!

最後の問題だ!
① 84×67
② 79×47
③ 68×96
2問正解できたらクリアとしよう

$9 \times 8 = 72$ で, 7 が繰り上がり, 次の $6 \times 8 = 48$ とたし算をすると, たし算でも繰り上がるという計算である。
48 ＋ 7 の計算が暗算になるため, 苦手に思う児童も少なくない。
右のように,
48 も小さく書いておくのも
1 つの方法である。

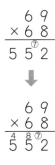

```
    6 9
  × 6 8
  ─────
  5 5⑦2
```

⬇

```
    6 9
  × 6 8
  ─────
  4 8⑦
  5 5 2
```

T　早くできた人は, 84×67 になる文章問題を作りましょう。

　躓いている児童の個別支援をする。

C　やったー!全部クリアしてゴールできた!

C　繰り上がりがたくさんある筆算は大変だけど, ゆっくり丁寧に 1 つずつ計算したらできたよ。

　作った文章問題を交流する。
　学習の感想を書く。ふりかえりシートを活用する。

筆算の工夫

板書例

くふうして計算できるかな

1 ㋐　38×20

```
    3 8
  × 2 0
    0 0
  7 6
  7 6 0
```
➡
```
    3 8
  × 2 0
  7 6 ⓪ × 10
   └ 38 × 2
```

2 $38 \times 20 = 38 \times 2 \times 10$
と考える

1 ㋑　4×37

```
      4
  × 3 7
    2 8
  1 2
  1 4 8
```
➡
```
    3 7
  ×   4
  1 ②8
```

3 $4 \times 37 = 37 \times 4$

かけられる数とかける数を
入れかえても答えは変わらない

(POINT) 工夫しなくても，計算は十分にできることを前提にしましょう。これまでの筆算の仕方で計算できれば十分です。

1 ㋐ 38 × 20 と，㋑ 4 × 37 の筆算をしてみよう

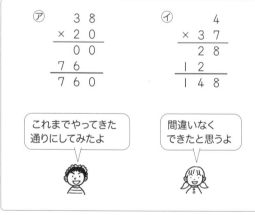

T　この計算で間違いなくできています。これでいいのですが，この筆算を見て，何か工夫できそうなところはありませんか。

　　これまでの方法で計算できていることをしっかりと認めておく。

2 ㋐ 38 × 20 の計算で，工夫できるところを話し合おう

C　38 × 0 の答えの 00 は書かなくてもいいと思う。0 をかけても答えは 0 だから省略できないかな。

C　20 の 0 は考えずに 38 × 2 を計算する。その後で「× 10」だから 0 をつける。
C　計算が 1 行でできるね。

```
    3 8   0を
  × 2 ⓪   考えずに
    7 6   計算する。
    ↓
    3 8
  × 2 0
    7 6 0   0をつける。
```

4

ウ　30 × 56

$30 × 56 = 56 × 30$

$56 × 30 = 56 × 3 × 10$

$$
\begin{array}{r}
30 \\
\times 56 \\
\hline
180 \\
150 \\
\hline
1680
\end{array}
\qquad\rightarrow\qquad
\begin{array}{r}
56 \\
\times 30 \\
\hline
16①80
\end{array}
$$

> かけ算のきまりを使うと，くふうして計算できる。

---

3 ④ 4 × 37 の計算で，工夫できることを話し合おう

> 4 × 37 を 37 × 4 で計算したらどうかな

> かけられる数とかける数を入れかえても答えは同じだったね

T　入れかえて計算したものと比べてみましょう。
C　これも，計算が 1 行になるね。
C　計算も早くできそうだよ。
T　かけ算のきまりを使えば，工夫して計算できます。

4 学んだことをいかして，ウ 30 × 56 の計算を工夫してやってみよう

> 30 × 56 でも 56 × 30 でも答えは変わらない。入れかえた方が簡単にできそうだ

> 56 × 30 になったら，56 × 3 × 10 と考えて計算できるよ

> ⑦と④の両方のきまりを使ってできたよ

これまでの筆算の仕方の計算とも比べる。

C　すっきりした感じがします。かけ算のきまりが筆算でも使えることを知りました。

　子どもによっては，同じやり方で計算を進める方がよい場合もある。計算の工夫は，強制ではなく，1 つのやり方として紹介したい。これまでの学習から方法を導き出せたことを重点とする。
　学習のまとめをする。ふりかえりシートを活用する。

3位数×2位数

板書例

3けた×2けたの筆算をしよう

1 ① 312 × 32

312 × 2

```
    3 1 2
  ×   3 2
  ─────────
    6 2 4
```

312 × 30

```
    3 1 2
  ×   3 2
  ─────────
    6 2 4
  9 3 6
  ─────────
  9 9 8 4
```

2 ② 627 × 46

```
      6 2 7
  ×     4 6
  ─────────
    3 7 6 2
  2 5 0 8
  ─────────
  2 8 8 4 2
```

> かけられる数が大きくなっても，これまでと同じように，
> 下の位からじゅんに位ごとに計算する。

(POINT) 計算がだんだんと複雑になってきます。子どもたち同士の教え合いが生まれる授業づくりに努めましょう。

1 312 × 32 の筆算をしてみよう

T これまでの計算とどこが違うかな。どうやって計算したらいいでしょう。

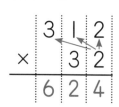

> かけられる数が3桁になりました

> 数は大きくなったけど，これまでと同じようにすればできそうです

> 312 × 2 と 312 × 30 を計算してたせばいいです

計算の手順を重視して，繰り上がりなしの基本的な型から始める。筆算の仕方は教師から示さず，まずは，子ども自身が取り組む。

T はじめての3桁の筆算もできましたね。
C 同じように計算したらできました。

被乗数が3桁になっても，これまでと同じように位ごとに計算すればよいことを確かめる。

2 627 × 46 の計算の仕方を説明しよう

C 今度は，繰り上がりのある計算だね。
T 黒板でリレー説明をしながらやってみましょう。

> まず，627 × 6 をします。
> 6×7 = 42 で，十の位に4 繰り上げます。
> 6×2 = 12，十の位は繰り上げた4と合わせて6
> 百の位に1 繰り上げます

> はい，ストップして交代しましょう

> 6×6 = 36，百の位は繰り上げた1と合わせて7
> 千の位は3になります
> 627 × 6 = 3762 になりました

627 × 40 も同じようにリレー説明をする。

ICT 計算ゲームは，タブレットを使って班で取り組むと盛り上がる。1人が問題を作成し，班のメンバーと共有する。次第に教え合いが生まれてくる。

③ 879×96

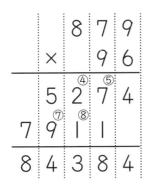

4 ＜計算ゲームをしよう＞

1～9の数字カード

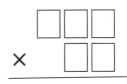

数字カードを入れて，
答えができるだけ
大きな数にしよう

1回1まいだけ
交かんできる

---

3 879×96の筆算にチャレンジしよう

```
    879
  ×  96
  48④⑤
  5274
```

たし算でも繰り上がる問題だね

暗算は苦手だから，小さく横に書いておこう

　計算の仕組みを知ることが最も大切なことである。数がどんなに大きくなっても，繰り上がりの数が増えても，同じように筆算できることを理解させる。
　速く正確に計算ができるように，たくさんの計算練習をする必要はなく，筆算のきまり通りに計算できるようになればよい。

4 数字カードを使って，ペアで計算ゲームをしよう

□ 準備物　1～9までの数字カード2組（18枚）
□ 進め方
❶ カード18枚をよく混ぜて，裏返しにして重ね，2人の間に置く。
❷ 交代で1枚ずつカードを取り，数字が見えるように自分の前に並べる。5枚ずつ取る。
❸ 1枚だけカードを交換できる。重ねてあるカードから1枚取り，手持ちのカードをいちばん下に置く。
❹ 筆算枠に答えがいちばん大きくなるようにカードを並べる。
❺ 答えが大きい人の勝ち。

・計算間違いは負けにするルールでもよい。
・カードを1枚交換するのは，ある意味賭けであるが，取ったカードの数がわかるので，残りのカードの数のおよその見当がつく。

板
書
例

0 のある数の筆算をしよう

1 506 × 48

```
×   5 0 6
×     4 8
    4 4⑷8
  2 2②4
  2 6 8 8
```
0 の計算を
していない

→

```
×   5 0 6
×     4 8
  4 0 4⑷8
2 0 2②4
2 4 2 8 8
```

500 × 8 = 4000
500 × 40 = 20000

書く位をまちがえない
ようにする

POINT 計算ゲームでは，計算を繰り返していくことで数字カードをどう配置したら答えが大きくなるのかわかってきます。

---

1 **506 × 48 の筆算をしてみよう**

筆算したら
こうなったよ。
何か変だな？

```
    5 0 6
×     4 8
  4 4⑷8
2 2②4
2 6 8 8
```

C 0 × 8 や，0 × 4 をしないで，とばしてしまった
のではないかな。

C 500 × 8 = 4000 だから，4 は千の位になるよ。

C 500 × 40 = 20000 だから，2 は一万の位にな
るはずだよ。

T 0 のある数の計算には要注意ですね。

　被乗数の十の位が 0 の計算では，上記のような間違いがあ
る。展開 2 のような，5 × 偶数でできた 0 も，位取りで間違
いが多いため注意するように促す。

---

2 **805 × 60 の筆算をしてみよう**

C 今度は，0 の計算を忘れずにするよ。

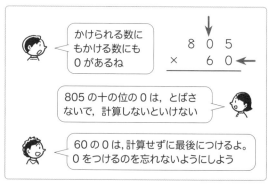

かけられる数に
もかける数にも
0 があるね

805 の十の位の 0 は，とばさ
ないで，計算しないといけない

60 の 0 は，計算せずに最後につけるよ。
0 をつけるのを忘れないようにしよう

C 0 でも，他の数字と
同じように計算したよ。
位を間違えることもないよ。

```
      8 0 5
×       6 0
      0 0 0
  4 8 3 0
  4 8 3 0 0
```

　0 の計算を書いた筆算ももちろん正解である。筆算に慣れ
てくると自然に 0 を省いた方法になってくる。
　同じ型の練習問題をする。

2

805 × 60

0 をとばさない

```
      8 0 5
  ×   6 0
  4 8 3 0 0
```

805 × 6 × 10
と考えて計算する
後で 0 をつける

```
      8 0 5
  ×   6 0
      0 0 0
  4 8 3 0
  4 8 3 0 0
```

3

〈計算ゲームをしよう〉

0 ～ 9 の数字カード

□□□
×
□□

・答えが大きい方が勝ち
・答えが「4000」に
　近い方が勝ち

3　ペアで3位数×2位数の計算ゲームをしよう

前時で紹介したカードを使った計算ゲームをする。
0 のカードを増やして，0 ～ 9 までの数字カードを使う。

□ 準備物　　0 ～ 9 までの数字カード2組（20 枚）
□ 進め方
❶ カード 20 枚をよく混ぜて，裏返しにして重ね，
　2人の間に置く。
❷ 交代で1枚ずつカードを取り，数字が見えるように
　自分の前に並べる。5枚ずつ取る。
❸ 1枚だけカードを交換できる。
　重ねてあるカードから1枚取り，手持ちのカードをいちばん下に置く。
❹ 筆算枠に答えが
　いちばん大きくなるように
　カードを並べる。
　□□□　×　□□
❺ 計算をして，答えが大きい人の勝ち。
❻ 負けた人は，席を移動して，相手を替えて対戦する。

□ ルール
　・計算間違いがあれば，負けとなる。
□ その他
　「計算をして，4000 に近い方が勝ち」という
　ルールにしてもよい。

Ｔ　相手の計算が間違っていないかよく見ましょう。
　間違っていたら，どこが間違っているのかを教えて
　あげましょう。

学習の感想を書く。
ふりかえりシートを活用する。

名前 _____

ステージ❶　ひとつ目お化けと三つ目お化けの計算をクリアしよう

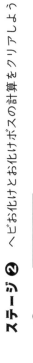

14×43 を筆算で できるかな

2問できないと クリアできないよ

① 15×45

② 14×36

③ 27×23

ステージ❷　へびお化けとお化けボスの計算をクリアしよう

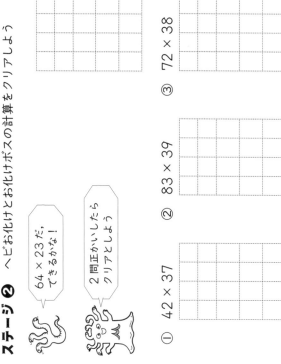

64×23 だ、できるかな！

2問正かいしたら クリアとしよう

① 42×37

② 83×39

③ 72×38

<スペシャル問題>　虫食い算にちょうせんしよう！

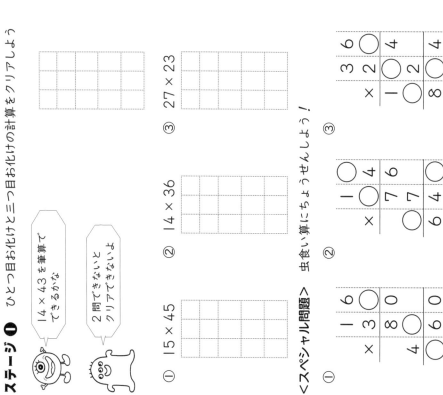

① ② ③

名前 ＿＿＿＿＿＿＿

ステージ❹　クラゲお化けとお化け大魔王の計算をクリアしよう

69×68だ！できるかな

2問正かいしたらクリアとしよう！

① 84×67

② 79×47

③ 68×96

ステージ❸　ねこお化けと凸凹お化けの計算をクリアしよう

86×32を筆算でできるかな

2問できないとクリアできないよ

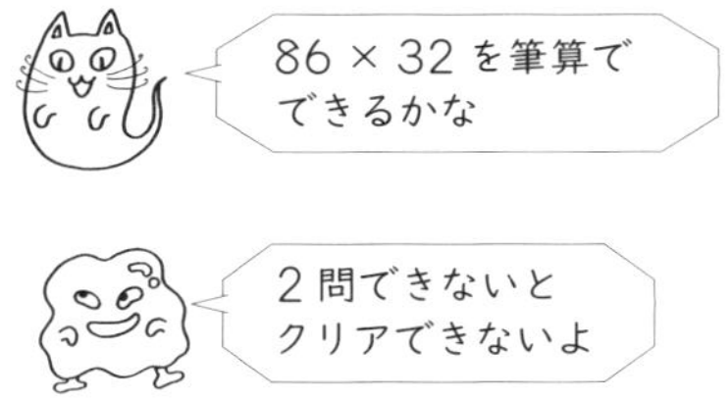

① 34×74

② 56×84

③ 48×63

＜スペシャル問題＞　虫食い算にちょうせんしよう！

①
```
    ○ ○ 3
  ×   2 ○
  ─────────
    ○ ○
  ○ 3
  ─────────
  1 2 2
```

②
```
    3 ○ 7
  ×   4 ○
  ─────────
  ○ 8 5
  2 ○
  ─────────
  ○ 1 5
```

③
```
    ○ 5
  ×   3 6
  ─────────
  ○ ○
  ○ 5
  ─────────
  6 4 4
```

倍の計算

◎ 学習にあたって ◎

＜この単元で大切にしたいこと＞

　「倍」は，2 年生のかけ算で，2 個分，3 個分は 2 倍，3 倍であり，2 倍，3 倍するときは，かけ算で求めることを学習しています。

　3 年生では，次の 3 点について学習します。

①　もとにする大きさの 3 倍の大きさを求めるときは，かけ算を使う。

②　何倍かを求めるときは，わり算を使う。

③　もとにする大きさを求めるときは，わり算を使う。

　問題文を読んだときに，この問題は何を求めている問題なのか，また，かけ算で求めるのか，わり算で求めるのかを判断しなければなりません。そのためには，問題文を関係図に表すことが必要です。関係図のかき方や，数や□のかき方を丁寧に扱うことが大切です。

＜数学的見方考え方と操作活動＞

　関係図を使って立式の意味を考えることは，高学年にもつながる重要な手立てです。

　本単元では主にテープの長さを使って指導していきます。演算の結果をもとにテープの長さを実測して，立式の正しさを確認していきます。

　2 年生の「倍のかけ算」から始まり，3 年，4 年，5 年と続いていく，子どもたちにとって最も難関となる「倍（割合）」の学習を，少しでもスムーズに進めていくために，子どもたちにとって手助けとなる，わかりやすい図を示していくことも大切です。本書 4 年生の「倍（割合）」では，下図のような「にらめっこ図」を紹介しています。 **QR** 資料「にらめっこ図」を参考にしてください。

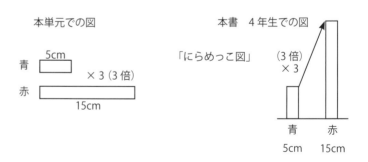

＜個別最適な学び・協働的な学びのために＞

　問題文を関係図に表すことができれば，立式はそれほど難しいことではありません。図に表す過程をできるだけみんなで話し合いながら，丁寧に指導することが大切です。

知識および技能	もとにする大きさと倍の関係を関係図に表し，それぞれの大きさを求めることができる。
思考力，判断力，表現力等	もとにする大きさと倍の関係について考えている。
主体的に学習に取り組む態度	倍の意味を知り，その考えを生活に用いようとする。

◎ 指導計画　4 時間 ◎

時	題	目　　標
1	何倍かした量を求める	もとにする大きさを，2 倍，3 倍，…するときは「かけ算」を使うことがわかる。
2	倍を求める	倍を求めるときは「わり算」を使うことがわかる。
3・4	もとにする大きさを求める	もとにする大きさを求めるときは「わり算」を使うことがわかる。2つの量の関係を図で表し，問題を解くことができる。

何倍かした量を求める

板書例

○倍したテープの長さをもとめよう

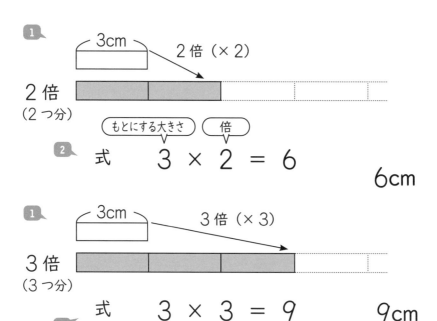

1　3cm　2倍（×2）

2倍
（2つ分）

もとにする大きさ　倍

2　式　　3 × 2 = 6　　6cm

1　3cm　3倍（×3）

3倍
（3つ分）

2　式　　3 × 3 = 9　　9cm

ICT　理解が難しい児童には，具体的な動画から入り，次第に抽象的なテープ図に入っていくとよいでしょう。

1　3cmのテープの2倍，3倍の長さを求めよう

黒板に3cmとする長さのテープを貼る。児童はワークシートを使って学習できる。

3cmの2倍，3倍の長さに色を塗りましょう

2倍というのは，3cmの2つ分ということだったね。2年生のときに学習したよ

3倍は，
3cmの
3つ分だね

2　2倍，3倍の長さを計算で求めよう

C　2倍，3倍の長さは，かけ算の式で求めることができます。

C　2倍の長さは，3 × 2 = 6で6cmです。

　実際に色塗りをした長さが，6cm，9cmになっているかをものさしで測って確認する。

3cmの長さが「もとにする大きさ」になります。「もとにする大きさ」の何倍かを求めるときは，かけ算を使います

もとにする大きさ　倍
3 × 2 = 6

T　「3cmの2倍は 6 cm」を
図で表してみます。

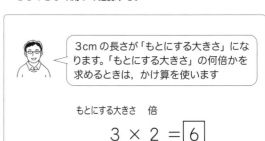

3cm　2倍（×2）

6cm

もとにする量がどの数になるのかをきちんと把握することがポイントになる。実際4冊の本を撮影して，3倍した結果12冊になるなどの動画も有効である。

3 <あのテープ の 4 倍の長さは？>

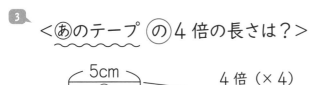

5cm

あ

4倍（× 4）

4倍

式　5 × 4 = 20

<u>20cm</u>

<かおりさんが読んだ本の数は？>

4

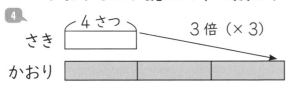

さき　4さつ　　3倍（× 3）

かおり

式　4 × 3 = 12

<u>12さつ</u>

◯倍した大きさは，かけ算でもとめる。

---

3 あのテープの4倍の長さを測らずにかいてみよう

C　4倍は4つ分だから，あの大体4つ分になるようにかきました。

T　あが5cmのとき，4倍の長さを計算で求めましょう。

C　何倍かを求めるときは，かけ算だったね。

C　「もとにする大きさ」× 4倍だから，5 × 4 = 20で20cmになります。

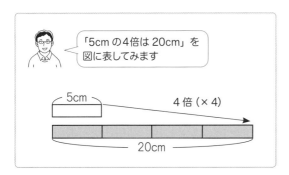

「5cmの4倍は20cm」を図に表してみます

5cm

4倍（× 4）

20cm

C　言葉の通りに図に表したらいいね。

---

4 かおりさんは，何冊本を読みましたか

T　さきさんは，1週間で本を4冊読みました。かおりさんは，さきさんの3倍の本を読みました。

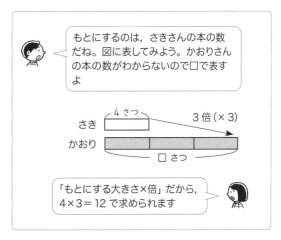

もとにするのは，さきさんの本の数だね。図に表してみよう。かおりさんの本の数がわからないので□で表すよ

さき　4さつ　　3倍（× 3）

かおり

□ さつ

「もとにする大きさ×倍」だから，4×3＝12で求められます

　立式の手助けとなる関係図は，教科書によっても異なるため，児童がいちばんわかりやすい図を見つけ，示していく必要がある。

倍を求める

本時の目標　倍を求めるときは「わり算」を使うことがわかる。

倍をもとめよう

1 | 赤いテープの長さは 15cm，青いテープの長さは 5cm です。
赤いテープの長さは，青いテープ の 長さの何倍ですか。

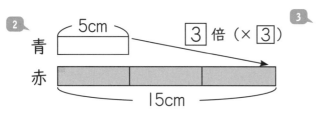

2
青 ┌ 5cm ┐　　3 倍（×3）
赤 ▭▭▭ 15cm

3
青 の □倍が 赤

5 × □ = 15

式　15 ÷ 5 = 3

3 倍

1
赤は青の 3つ分
　　　　　3 倍

POINT　実際にテープを使って測定した数値と，計算の答えが一致することで，式の正しさを確認することができるでしょう。

1 赤いテープの長さは，青いテープの長さの何倍ですか

T　赤いテープは 15cm，青いテープは 5 cm です。

C　今度は「倍」がわからないんだね。

T　実際に 2 本のテープを使って調べてみましょう。

　各班に，赤と青のテープを 1 本ずつ配る。

C　赤は，青のちょうど 3 つ分になりました。

C　3 つ分ということは，赤は青の 3 倍ということだね。

2 赤と青のテープの関係を図に表してみよう

T　2 本のテープの関係を図に表します。（　）にあてはまる数やことばを書きましょう。

C　前の時間と同じ図で，2 本のテープが並んでいるよ。

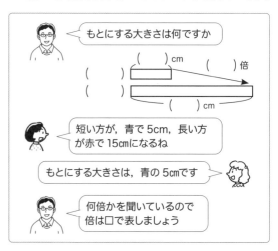

　図に慣れるまでは，上の図のように書き込みができる図を準備しておくとよい。

準備物	・5cm の青いテープ (班の数) ・15cm の赤いテープ (班の数) QR ワークシート	ICT	問題ごとに関係図は確実に書かせたい。タブレットのシートに関係図を書き，教師に一斉送信すれば，瞬時に全員の理解度を確認できる。	

4

> けんさんは，休みの日に公園のまわりを 3 しゅう走りました。
> さとしさんは，12 しゅう走りました。
> さとしさんは，けんさん の 何倍走りましたか。

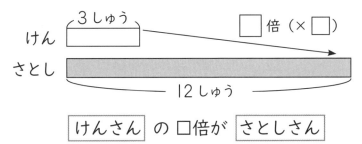

けん　3しゅう　　　□ 倍（× □）

さとし

12 しゅう

けんさん の □倍が さとしさん

$$3 \times \square = 12$$

式　$12 \div 3 = 4$　　何倍かは，わり算でもとめる。

4 倍

3　図をもとにして式を立てて計算で求めよう

T　赤は青の□倍の長さということを計算で求めます。どんな式で求められるでしょうか。

図をそのまま式に表すとどうなりますか

青の□倍が赤だから，5 ×□＝ 15 になります

「もとにする大きさ×倍」の式に表したらいいんだね

T　□を求めるのはどんな計算になりますか。
C　□の倍は，わり算で求めることができます。
C　15 ÷ 5 ＝ 3 で 3 倍です。

　実際にテープを使って求めた数値と，計算で求めた数値が一致することを確認する。

4　さとしさんは，けんさんの何倍走りましたか

T　けんさんは，休みの日に公園の周りを 3 周走りました。さとしさんは，12 周走りました。

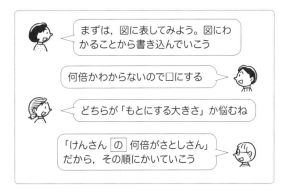

まずは，図に表してみよう。図にわかることから書き込んでいこう

何倍かわからないので□にする

どちらが「もとにする大きさ」か悩むね

「けんさん の 何倍がさとしさん」だから，その順にかいていこう

C　図を式に表すと，3 ×□＝ 12 になります。
　　□は 12 ÷ 3 で求めるので，答えは 4 倍になります。

　もとにする大きさを見つけることが，この「倍」の学習ではいちばん難しいところである。問題文の「けんさん の 」に印をつけるなどの工夫をする。

もとにする大きさを求める

板書例

もとにする大きさをもとめよう

1
> 20cm の赤いテープがあります。
> これは，青いテープの 4 倍の長さです。
> 青いテープは何 cm ですか。

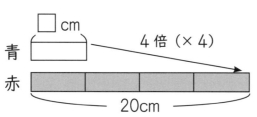

青 □ cm
4倍（× 4）
赤 20cm

2
青 の 4 倍が 赤
□ × 4 = 20

式　　20 ÷ 4 = 5

もとにする大きさは，わり算でもとめる。

5cm

POINT 倍の文章問題は，関係図に表す→かけ算で立式する　がポイントです。

1 青いテープの長さは何 cm かな

ワークシートを使って学習する。

T　20cmの赤いテープがあります。これは，青いテープの 4 倍の長さです。

C　赤と青のテープの関係がよくわからないよ。

C　図に表してみたらどうかな。

図にあてはまる言葉や数字を入れてみましょう

わかっているのは，4倍と赤いテープ 20cm ということ

わからないのは，青の長さだから□で表す

もとにする大きさは青だね

T　今度は，「もとにする大きさ」を求める問題ですね。図に表すと何を求める問題かがよくわかります。

2 図をそのままかけ算の式に表してみよう

青の4倍が赤だから，式は□× 4 = 20 になります

どれもかけ算の式に表すことができるね

C　□は，わり算で求めることができます。
　20 ÷ 4 = 5 で，青のテープは 5 cm です。

T　もとにする大きさは，わり算で求められます。

　各班に 5 cm の青と 20cm の赤のテープを配り，赤が青の 4 倍の長さになっているか確かめる。

C　赤が青の 4 つ分か，印をつけて調べたよ。

C　赤を 4 等分したら青になります。赤の長さを 4 でわったら青の長さになるね。

| I
C
T | もとにする量と倍が混同する子が多い。関係図と実際の様子をタブレットで同時に見せながら説明すると、理解がより深まる。 |

（第4時）　④ **3つの図をくらべよう**

㋐
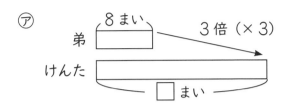

　式　8 × 3 = □

　式　8 × 3 = 24

㋑
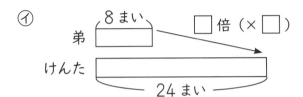

　式　8 × □ = 24

　式　24 ÷ 8 = 3

㋒
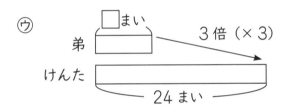

　式　□ × 3 = 24

　式　24 ÷ 3 = 8

3　問題を図に整理して，答えを計算で求めよう

T　ぶどう味のあめが18個あります。これは，りんご味のあめの3倍です。りんご味のあめは何個ありますか。

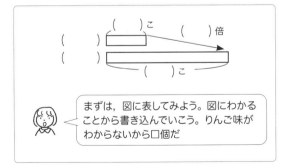

C　「リンゴ味の3倍がぶどう味」になるね。

C　図を式に表すと，□ × 3 = 18

C　□は，18 ÷ 3 = 6 で，答えは6個だ。

C　この図はどれにでも使えて便利だね。

4　【第4時】倍の3種類の問題を考えよう

倍の3用法の問題をまとめて学習する。
（ワークシートを使う）

T　㋐〜㋒の3つの問題文を図に表しましょう。

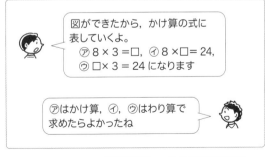

倍の文章問題は， 図に表す → かけ算での立式 → □を求める の順で解いていく。

　1時間しっかりと時間をかけて，3用法の問題を学習しておくと，4年生以降の倍の学習での理解が深まる。

名前 _____

1　3cmのテープがあります。その2倍，3倍のテープの長さに色をぬって，計算で長さをもとめましょう。

2倍

| 3cm |

式

....

答え _____

3倍

| 3cm |

式

....

答え _____

2　① あのテープの4倍の長さはどれくらいになるでしょう。
（テープの長さをはからないで，およそ4倍の長さでかまいません。）

あ | |

② あのテープは5cmです。4倍の長さは何cmでしょう。

式

....

答え _____

3　さきさんは，1週間で本を4さつ読みました。かおりさんは，さきさんの3倍の本を読みました。かおりさんは，何さつ読みましたか。

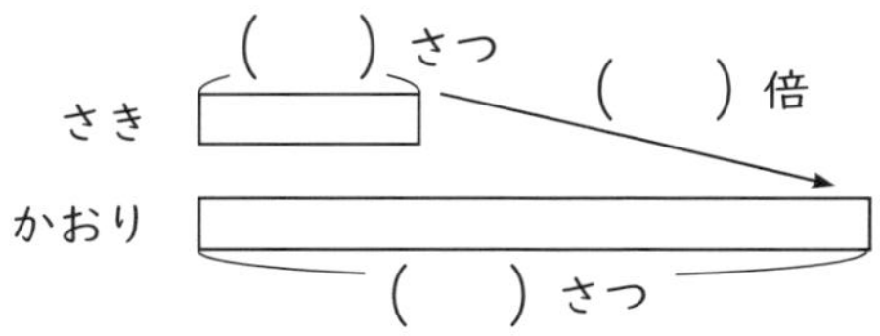

さき（　）さつ　　（　）倍

かおり（　）さつ

式

答え _____

名
前 _____

● 次の問題文を図に整理して，答えをもとめましょう。

㋐　弟は，カードを８まい持っています。けんたくんは，弟の３倍の
　カードを持っています。けんたくんは，カードを何まい持っていますか。

　①　右の図に表しましょう。

　②　図をかけ算の式に
　　　表しましょう。

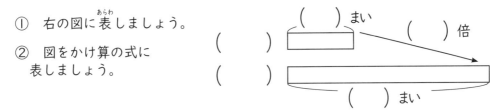

　　（　　　）
　　（　　　）

　③　計算でもとめましょう。

　　　式　　　　　　　　　　　答え _____

㋑　けんたくんは，カードを 24 まい持っています。弟は，カードを８まい持っ
　ています。けんたくんは，弟の何倍のカードを持っていますか。

　①　右の図に表しましょう。

　②　図をかけ算の式に
　　　表しましょう。

　　（　　　）
　　（　　　）

（　　　）まい
（　　　）倍
（　　　）まい

　③　計算でもとめましょう。

　　　式　　　　　　　　　　　答え _____

㋒　けんたくんは，カードを弟の３倍持っています。けんたくんのカードの数
　は 24 まいです。弟は，カードを何まい持っていますか。

　①　右の図に表しましょう。

　②　図をかけ算の式に
　　　表しましょう。

　　（　　　）
　　（　　　）

（　　　）まい
（　　　）倍
（　　　）まい

　③　計算でもとめましょう。

　　　式　　　　　　　　　　　答え _____

三角形と角

◎ 学習にあたって ◎

<この単元で大切にしたいこと>

　三角形の学習をして，図形に親しみ図形的な感覚を豊かにすることが大切です。二等辺三角形や正三角形の定義や性質は言葉だけで学ぶものではありません。ストローとモールを使っての構成，定規とコンパスを使っての作図，折り紙をおる，画用紙に三角形を作って折ったり合わせたりする活動などを通して理解できるようにすることが児童の発達段階にも相応しており，大切にしたいことです。また，ペンダントやしきつめ図を作る活動も図形の美しさを感じ，図形的な感覚を豊かにすることにつながります。

<数学的見方考え方と操作活動>

　辺の長さで二等辺三角形や正三角形を定義し，これまで以上に図形に着目する視点が確かになっていきます。また，学習の中には円や正方形の性質とも合わせて考える場面があります。二等辺三角形のかき方，円を使って正三角形をかく方法，折り紙を折って正三角形を作る方法などです。

　単元末には角の概念も加えて図形を見ることができるようになります。図形の中にある約束や性質を言葉で明確にし，それを用いて図形を見る力を養います。

<個別最適な学び・協働的な学びのために>

　手や，コンパスや定規の用具，そしてストローとモールや折り紙などのものを使った活動が多い学習です。活動的，体験的な学習は大切ですが，それをする前や途中では必ず立ち止まってどのようにすればいいのか，どのような仕方があるのかを考え話し合う場面をつくります。そこでは，図形の性質や約束事を使った話し合いができるよい機会です。また，作図をした場面では，その手順を順番に書く学習をします。それは，学びを確かにすると同時に，図形の用語を使って論理的に考えることにもつながります。機会をとらえて学びに加えたい内容です。

知識および技能	二等辺三角形や正三角形の定義や性質を理解し，定規とコンパスを用いてそれらを作図することができる。
思考力，判断力，表現力等	辺の長さや角の大きさに着目して，三角形の特徴や性質を見出したり，作図では円や三角形の性質を利用してかき方を考えたりする。
主体的に学習に取り組む態度	身のまわりから二等辺三角形や正三角形を見つけたり，比べたり，三角形を使ったものを作成したりして，三角形に関心をもつ。

◎ 指導計画 8時間 ◎

時	題	目 標
1	三角形作りと分類	4種類の長さのストローを使っていろいろな三角形を作り，観点を考えて仲間分けができる。
2	三角形の分類と名称	二等辺三角形や正三角形の意味(定義)について理解できる。
3	二等辺三角形の作図	二等辺三角形の作図の方法を考え，作図できる。
4	正三角形の作図	正三角形の作図の方法を考え，作図できる。
5	折り紙で三角形を作る	折り紙を使って，二等辺三角形や三角形を作ることができる。
6	円を使った三角形	円の性質を利用して二等辺三角形や正三角形がかけることを理解する。
7	角の大きさ	角の意味を理解し，角の大きさを調べることができる。
8	二等辺三角形・正三角形の角	二等辺三角形と正三角形の角の大きさを調べて，形の性質を理解する。

第 **1** 時
三角形作りと分類

本時の目標　4種類の長さのストローを使っていろいろな三角形を作り，観点を考えて仲間分けができる。

板書例

三角形をたくさん作ろう　　なかまわけしよう

1 <三角形を作ろう>

ストロー
- ・赤（6cm）
- ・青（8cm）
- ・黄（10cm）
- ・緑（12cm）

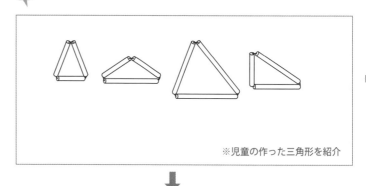

2

※児童の作った三角形を紹介

↓

3 なかまわけしよう

- ・大きさ　　　・形
- ・ストローの色

ICT　図形の単元は，ICT機器で学習効率が飛躍的に向上します。積極的に使ってみましょう。

1 ストローとモールを使ってたくさんの三角形を作ろう

2人1組で作業する。ストロー（赤6cm，青8cm，黄10cm，緑12cmを各15本）とモールを60本配る。

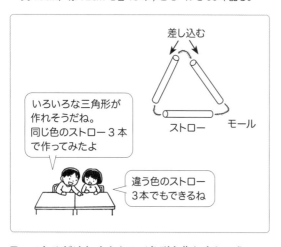

差し込む

ストロー　　モール

いろいろな三角形が作れそうだね。同じ色のストロー3本で作ってみたよ

違う色のストロー3本でもできるね

T　できるだけたくさんの三角形を作りましょう。

配ったストローで，二等辺三角形11種類と，正三角形4種類，不等辺三角形4種類が作れる。
作業時間を決めて進める。

2 作った三角形を紹介しよう

T　どんな三角形が作れましたか。自分たちが作っていない三角形はありますか？

ストローの色で同じ三角形かどうか調べられるね

黄色1本と赤2本の三角形は作っていなかったよ

向きが違うけど，赤，青，黄1本ずつで同じ三角形だね

皆が作った三角形を見比べて，もうほかに三角形が作れないか考える。児童が作った三角形をすべて黒板に提示する。

C　たくさんの三角形ができたね。同じ色のストロー3本で作った三角形は，大きさは違うけど形は似ているよ。

142

準備物	・ストロー（赤6cm，青8cm，黄10cm，緑12cmを各15本ずつ　2人1組） ・4〜5cmのモール（60本　2人1組） QR ふりかえりシート	ICT	作った三角形をそれぞれのタブレットで撮影し，教師に一斉送信をする。画像を全員に共有し，どのような仲間分けになるか，全体で話し合わせる。

4

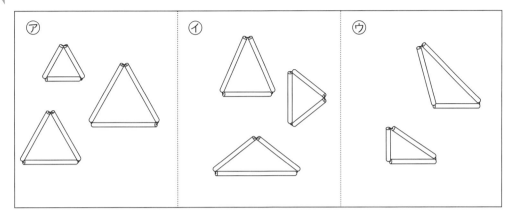

⑦　3本とも同じ色の三角形　・・・・・・・・・・　3つの辺の長さが同じ

⑦　2本が同じ色の三角形　・・・・・・・・・・・　2つの辺の長さが同じ

⑦　3本とも色がちがう三角形　・・・・・・・・　3つの辺の長さがどれもちがう

3　作った三角形を仲間分けしよう

T　仲間分けの方法を考えましょう。

- 大きさで仲間分けしたらどうかな
- 似た形で分けたらいいと思います
- ストローの色で分けたらどうかな。同じ色3本の三角形，同じ色2本の三角形とか
- 全部違う色の三角形もあるね

T　いろいろな意見が出ましたね。では，ストローの色で仲間分けしてみましょう。「3本とも同じ色の三角形」「2本が同じ色の三角形」「3本が違う色の三角形」です。

　　ペアでそれぞれ作業する時間を取る。

4　仲間分けした三角形を確かめよう

T　黒板の三角形も同じように仲間分けしてください。

　　⑦〜⑦に仲間分けする。タブレット等を使って子どもたちが仲間分けしたものを自身で紹介してもよい。

- ストローの色が同じということは，何が同じということでしょう
- 長さが同じです。色によって長さが違っていたね
- 辺の長さが同じということです
- ⑦は，辺の長さが3本とも同じ三角形です

　仲間分けした⑦〜⑦の三角形を，辺の長さをもとにまとめておく。

　※　本時の「ふりかえりシート」は，本単元のレディネスとして使用できる。

三角形の分類と名称

板書例

三角形の名前をおぼえよう

二等辺三角形

2つの辺の長さが
等しい三角形

正三角形

3つの辺の長さが
等しい三角形

三角形

3つの辺の長さが
ちがう三角形

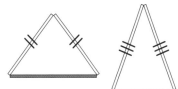

ICT 個人で作った三角形を撮影して，どの三角形になるのか，ペアや班，学級全体で話し合わせると盛り上がります。

1 三角形を3つの仲間に分けたことを振り返ろう

T　前の時間に作った三角形を使って，もう一度仲間分けしてみましょう。机の上に並べてみましょう。

ストローの色が3本とも同じ三角形，2本同じ三角形，すべて違う三角形の3つに分けたね

色が同じということは，辺の長さが同じということだったよ

「3つの辺の長さが同じ三角形」「2つの辺の長さが同じ三角形」「3つの辺の長さがすべて違う三角形」にそれぞれ分けられているか確かめる。

黒板にも数個ずつ掲示する。

2 2つの辺の長さが同じ三角形について調べよう

私たちは，2つの辺の長さが同じ三角形は4つ作ったよ

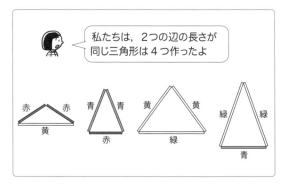

T　このように，2つの辺の長さが同じ三角形を「二等辺三角形」といいます。「二等辺」は2つの辺が等しいという意味です。

辺の長さが等しいしるしの説明をする。

T　このような形を見たことがありますか。
C　おでんのこんにゃく　　　C　家の屋根

身のまわりの二等辺三角形を探してみる。

$\boxed{\text{直角三角形}}$

❹ ＜三角じょうぎで作ろう＞

直角がある三角形

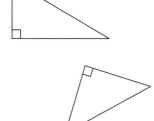

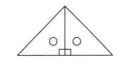 二等辺三角形

 二等辺三角形

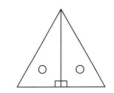 正三角形

---

3 3つの辺の長さが同じ三角形について調べよう

3つの辺の長さが同じ三角形はこの4つの三角形だったね

T　このように，3つの辺の長さが同じ三角形を「正三角形」といいます。「正」がついた形は，辺の長さが全部同じという意味です。

　　身のまわりの正三角形を探してみる。

C　三角形には，二等辺三角形，正三角形，それと，2年生で学習した直角三角形があるんだね。

　　ここでは，3つの辺の長さが違う三角形は「三角形」としておく。

---

4 三角定規で，二等辺三角形と正三角形をつくってみよう

T　隣の人と三角定規を2組使って，二等辺三角形と正三角形をつくってみましょう。

・2つの辺の長さが等しいから二等辺三角形です。（㋐）

㋐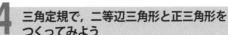

・㋑も2つの辺の長さが等しいから二等辺三角形です。

㋑

・㋒も2つの辺の長さが等しくなるから二等辺三角形です。

㋒

・3つの辺の長さを測ると3つの辺とも同じ長さでした。㋒は正三角形です。

ふりかえりシートも活用する。

二等辺三角形の作図

板書例

二等辺三角形をかこう
にとうへんさんかくけい

1 ㋐

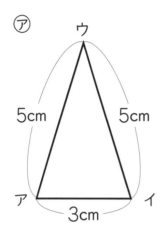

コンパスを使って
つか

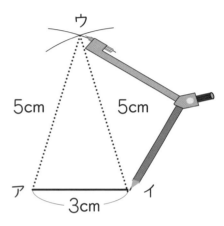

点ウをどうやって決める？
き

POINT 作図の繰り返しでは，子どもも飽きてしまいます。ペンダント作りの活動は，作図の技能を高めるだけでなく，図形に親し

---

1 ㋐の二等辺三角形のかき方を考えよう

C　3cmの辺はものさしを使ってかくことができる
よ。アイが3cmの直線をひこう。

T　ウはどうやって決めたらいいでしょう。

C　アから5cm，イからも5cmのところを見つけた
らいいね。

5cmのストローを使って，
アとイから点を取ってみましょう

これは円を
かいている
ことになるね

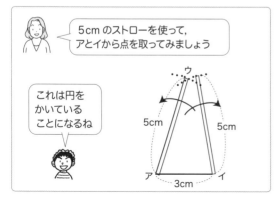

C　円の学習でコンパスを使って，長さを写し取った
よ。同じように，コンパスを使えばいいね。

2 コンパスを使った二等辺三角形のかき方を説明しよう

はじめに，3cmの直線アイをひきます。
次に，コンパスを使って，アの点から5cmの
円の一部をかきます。イの点からも，5cmの
円の一部をかきます。2つの円の線が交わっ
た点がウになります。最後に，点アと点イ，点
ウを直線で結んで出来上がりです

T　みんなもノートにかいてみましょう。

1回だけでなく，複数回かいて練習する。

2

〈二等辺三角形ペンダントを
作ってみよう〉

❶ 3cm の直線アイをひく。

❷ 点アと点イから半径（はんけい）5cm の円の
一部をかく。

❸ ❷の交わった点をウとする。

❹ 点アと点ウ，点イと点ウを直線
でむすぶ。

み，図形にある美しさを感じることができます。

3　二等辺三角形のペンダントを作ってみよう

T　これは，先生が作った二等辺三角形ペンダントです。みんなも作ってみましょう。

【準備物】
色画用紙（色の種類が多い方がよい）
リボン　　ものさし　　コンパス　　はさみ
のり

※ 半端の色画用紙を残しておき，このような活動にいかせるようにする。

【作り方】
① 色画用紙に二等辺三角形を1つかいて，切り取る。
② ①でかいた二等辺三角形より辺の長さを1cm 短くした二等辺三角形を，①とは違う色の画用紙にかいて切り取り，①の上に貼る。
③ ②を何回か繰り返す。
④ リボンをつける。

※ 色は，自由でよいが，明るい色だけでなく，濃い色も使うときれいな作品になる。

　子どもたちは，二等辺三角形の作図を繰り返すことで，技能を高めることができる。また，作品をきれいに作るために，様々な工夫も生まれ，友達と話し合ったり，作品を見せ合ったりして，友達どうしのつながりも生まれる。
　完成した作品は，学級活動や学校行事でのプレゼントにしてもよい。
　ふりかえりシートも活用する。

児童の作品例

第 **4** 時

正三角形の作図

板書例

正三角形をかこう

ウ

ア ─────── イ
　　　5cm

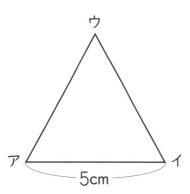

1⃣ 1辺の長さが 5cm の正三角形

5cm　　　5cm

ア　　　　　　　イ
　　　5cm

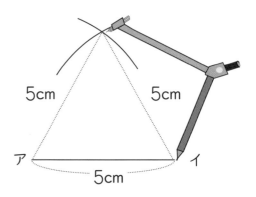

2⃣
❶ 5cm の直線アイをひく。
❷ 点アと点イから半径 5cm の円の一部をかく。
❸ ❷の交わった点をウとする。
❹ 点をすべて直線でむすぶ。

POINT 人類が図形を発展させたのは，測量と美しさへの憧れと言われます。本単元でも，作図活動で，図形に親しむ時間をとり，

1 1辺の長さが 5cm の正三角形をかいてみよう

T 今度は正三角形をかいてみましょう。

二等辺三角形と同じようにコンパスを使ってかけそうだよ

正三角形は，3つの辺の長さを同じにしたらいいね

C 二等辺三角形と違うのは，辺の長さだけだ。

　前時に二等辺三角形を作図しているので，正三角形も同じようにかけばよいことに児童は気づく。まずは，各自で取り組ませる。

2 正三角形のかき方をまとめよう

T 正三角形のかき方をノートにまとめましょう。

私は，このようにまとめました。
❶ 5cmの直線アイをひきます
❷ 点アから，半径5cmの円をかきます
❸ 点イから，半径5cmの円をかきます
❹ 円が交わった点がウになります
❺ 点アと点ウ，点イと点ウを直線で結びます

T 隣の人に，説明をしながら，正三角形をかいてみましょう。

| 準備物 | ・コンパス　　・ものさし　　・色画用紙
・のり　　・はさみ　　・リボン
・画用紙(しきつめ図)　　・色鉛筆
QR ふりかえりシート | ICT | 作成した正三角形を敷き詰めた図をタブレットで画像に撮り，教師に送信する。画像を全体で共有し，お互いの敷き詰めた図を見せ合うことで意欲も高まる。 |

❸

＜正三角形をしきつめた図をかこう＞

あ

１辺が 4cm の
正三角形

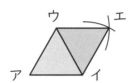

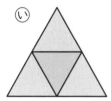
い

う

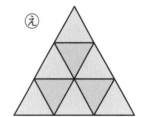
え

図形の美しさを感じ取りましょう。

---

3 正三角形（二等辺三角形）を連続してかいて，しきつめ図をつくろう

T　あは，１辺が 4cm の正三角形を使ってかいた図です。どうやってかいたらいいでしょう。

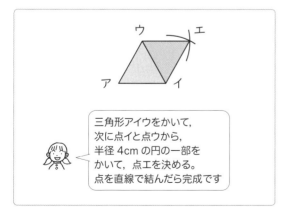

三角形アイウをかいて，
次に点イと点ウから，
半径 4cm の円の一部を
かいて，点エを決める。
点を直線で結んだら完成です

T　い，う，えも，１辺 4cm の正三角形を使ってかいた図です。どれか選んでかいてみましょう。
C　えに挑戦してみよう！正三角形を 9 個かかないといけないよ。

4 正三角形をたくさんかいていこう

T　次の２つの活動のどちらかを選んでやってみましょう。

　① 正三角形ペンダント作り
　　作り方は前時の二等辺三角形と同じ

　② 正三角形しつめもようづくり
　　図がかけたら色塗りもする

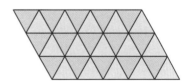

　三角形の作図で，コンパスを使う機会が増えると，コンパスを上手に使える子どもが驚くほど増える。図形に親しむ作図の時間をたっぷりとることも大切である。

　ふりかえりシートも活用する。

折り紙で三角形を作る

板書例

おり紙を使って二等辺三角形と正三角形を作ろう

1 二等辺三角形

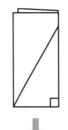

2つにおる
線をひいて
切る

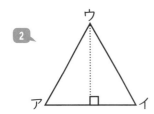

3 正三角形

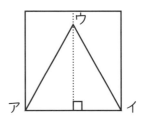

・3つの辺の長さは等しい

・点ウがおり目の上にくる

POINT 折り紙は1人に何枚も準備しておきましょう。折り紙を折ったり切ったり，試行錯誤しながら発見していくことに価値が

---

1 正方形の折り紙を使って二等辺三角形を作る方法を考えよう

児童に折り紙を配る。（5枚程度配り，その後必要な児童には追加で渡す）

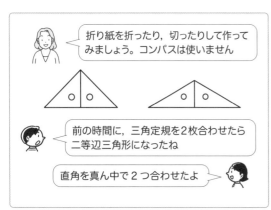

折り紙を折ったり，切ったりして作ってみましょう。コンパスは使いません

前の時間に，三角定規を2枚合わせたら二等辺三角形になったね

直角を真ん中で2つ合わせたよ

C 折り紙を半分に折って切ってみたら…。
C 半分に折ったところは直角になるね。
C 折り紙を2つ折りにして，斜めの線で切ったらできそうだ。

折り紙を手に取りながら各自で考える。

2 二等辺三角形になっているか確かめよう

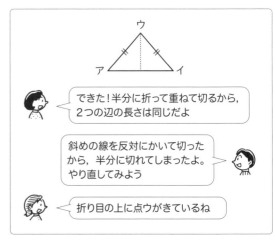

できた！半分に折って重ねて切るから，2つの辺の長さは同じだよ

斜めの線を反対にかいて切ったから，半分に切れてしまったよ。やり直してみよう

折り目の上に点ウがきているね

大きさの違う二等辺三角形を3つ以上作る。

T 作った二等辺三角形を折って，重ね合わせてみましょう。二等辺三角形になっていますか。
C 折り目の線で折ると，2つの辺がぴったり重なるから二等辺三角形です。

3 ＜方法①＞

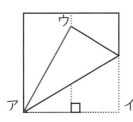

下の辺（アイ）の
長さとななめの辺
（アウ）の長さは同じ

4 ＜方法②＞

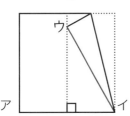

正方形の 4 つの辺の長さは等しい

三角形のななめの
辺（ウイ）の長さ ＝ 正方形の 1 辺の長さ

あります。

3 今度は，折り紙を使って正三角形を作ってみよう

正三角形も，まずは2つ折りにしたらいいと思うけど…，点ウはどうやって決めたらいいんだろう

3つの辺の長さが等しくなるように，点ウが折り目の上にくるように決めないといけないね

T 折り紙をいろいろ折って，点ウを見つけましょう。
C 下の辺と同じ長さになるように，折り目の上に合わせてみたよ。

4 もう1つの方法で正三角形を作ってみよう

私は，この方法で作ってみました

C そうか，正方形は 4 つの辺の長さが同じだから，正方形の 3 つの辺をそのまま使えば，同じ長さになるね。

2つの方法を見つけることは難しいかもしれないが，正方形の特徴を生かして，試行錯誤しながら挑戦してみることが大切である。

ふりかえりシートも活用する。

円を使った三角形

本時の目標　円の性質を利用して二等辺三角形や正三角形がかけることを理解する。

板書例

円を使って三角形をかこう

1 ＜二等辺三角形のかき方＞

・円のまわりに点を 2 つとる。

・2 つの点と円の中心を直線で
　つなぐ。

どれも二等辺三角形

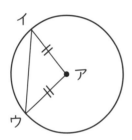

2 円の半径はどこも同じ長さなので，
辺アイと辺アウは同じ長さになります。
2 つの辺の長さが等しいので，二等辺三角形です。

POINT 円の半径を使って三角形をかくことができるだけでなく，その理由をしっかりと理解できるようにします。

1 円を使って三角形をかいてみよう

C　半径 4 cm の円をかきましょう。次に，円のまわりに 2 点を取ります。そして，円の中心と 2 つの点を直線でつなぎます。

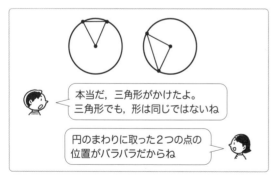

本当だ，三角形がかけたよ。三角形でも，形は同じではないね

円のまわりに取った 2 つの点の位置がバラバラだからね

児童がかいた三角形を皆で共有する。

T　形は違いますが，どの三角形にも共通していることがあります。何でしょう。

C　2 つの辺の長さが同じです。どれも二等辺三角形です。

2 二等辺三角形になる理由を考えて，説明しよう

T　「半径」と「2 つの辺の長さ」という 2 つの言葉を使って理由をノートに書きましょう。

三角形の辺アイと辺アウは，どちらも円の半径です。円の半径はどこも同じ長さです。2 つの辺の長さが等しいから二等辺三角形です。

T　隣の人に説明してみましょう。

　　ペアで説明し合い，その後，何人かが発表する。

C　円を使うと，三角形の 2 つの辺の長さは必ず等しくなるんだね。

3

＜正三角形のかき方＞

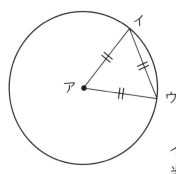

❶ 円に半径を１本ひく。
❷ 半径の長さをコンパスに写しとる。
❸ 円のまわりに半径の長さで点をとる。
❹ 円のまわりの２つの点と円の中心を直線でむすぶ。

イウの長さを
半径と同じ長さにする。

円を使って，二等辺三角形と正三角形をかくことができる。

---

3 円を使って正三角形をかく方法を考えよう

T 半径４cm の円をかいて，考えましょう。

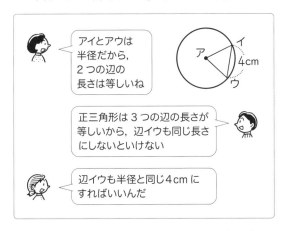

アイとアウは
半径だから，
２つの辺の
長さは等しいね

正三角形は３つの辺の長さが
等しいから，辺イウも同じ長さ
にしないといけない

辺イウも半径と同じ４cm に
すればいいんだ

C 長さを測ってもいいけど，コンパスを使えば長さを写し取ることができるよ。

　かけた児童が説明する。

T みんなもこの方法でかいてみましょう。

---

4 円を使って，長さが決まった二等辺三角形や正三角形をかこう

　㋐ 辺の長さが２cm，４cm，４cm の二等辺三角形
　㋑ １辺が３cm の正三角形

C まず，円の半径を何 cm にするかを考えないといけないね。

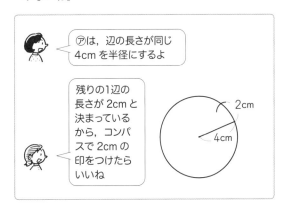

㋐は，辺の長さが同じ
４cm を半径にするよ

残りの１辺の
長さが２cm と
決まっている
から，コンパ
スで２cm の
印をつけたら
いいね

C ㋑は，半径３cm の円をかいたらいいね。

　ふりかえりシートも活用する。

第 **7** 時
角の大きさ

本時の目標　角の意味を理解し，角の大きさを調べることができる。

板書例

魚の口の開きぐあいをくらべよう

1 口の開きぐあいの大きいじゅんは？

ア 　　　イ 　　　ウ

 イ → ア → ウ　　　口の大きさはかん係ない
辺の長さ

2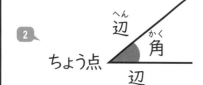
辺　角
ちょう点　辺

> １つのちょう点から出ている２つの辺がつくる形を角といい，角をつくっている辺の開きぐあいを角の大きさという。

POINT　魚の口の開き具合を調べて，口が大きくても（辺が長くても）開く大きさ（角の大きさ）が大きいわけではないことを印象

---

1 ア，イ，ウの中で口の開き具合がいちばん大きいのはどの魚ですか

> 小さい魚は大きい魚に飲み込まれそうだよ。ウの魚の口がいちばん大きいよ

> 確かに，ウの魚は口が大きいけど，口の開きは大きいとは言えないと思うよ

C　開き具合を比べているから，口の大きさは関係なく比べないといけないよ。

C　どうやって比べたらいいんだろう。魚の口を直接重ねて比べるとか…。

C　何かに写し取って調べたらいいと思うな。

「角調べ器」（ストローなどで作成）を準備しておく。

2 魚の口に「角調べ器」をあてて開き具合を比べてみよう

> ウの魚の口に合わせて開いて…

> それをアの魚の口にあてる。少し隙間ができるのでアの方が大きいよ

> イの魚の口にもあてる。イの方が隙間が大きいのでイがいちばん開き具合が大きい

T　１つの頂点から出ている２つの辺がつくる形を角といい，角をつくっている辺の開き具合を角の大きさといいます。

C　角の大きさは，辺の長さには関係ないんだね。

154

準備物	・角調べ器 (ストローなど) ・三角定規 (板書用, 児童用) QR 画像「三角定規の角」 QR 板書用イラスト　QR ふりかえりシート	ICT	三角定規をフル活用。1つ1つじっくりと観察したり, 2つを重ねてみたり。ICT機器を使うのもよいが, 実物を用意できる場合はそれ自体に多く触れさせたい。

3 ＜三角じょうぎの角を調べよう＞

ア
直角二等辺三角形

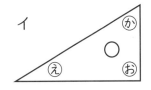

イ
直角三角形

4
・等しい角　　　う と お　　　あ と い
・大きいじゅん　　う, お → か → あ, い → え

的に学べるようにします。

3　三角定規の角の大きさを比べてみよう

T　角の大きさが等しいのは, どれとどれですか。
C　うとおはどちらも直角だから等しいね。
C　あといも等しいと思うな。

実際に確かめてみましょう。どうやって調べますか

隣の人と三角定規を重ねて比べてみよう

三角形のかどを紙に写し取って調べよう

C　等しい角は, うとお, あといでした。
T　先生の三角定規は大きいので, みんなの三角定規より, 角も大きいでしょうね。
C　辺の長さは関係ないから同じです。

　　実際に重ねてみて, 等しいことを確認する。

4　三角定規の角を大きい順に並べよう

ペアで協力して, 角の大きさ調べをする。

写し取った紙を重ねて比べてみよう

大きい角から順に, う, お → か → あ, い → えになりました

角 (三角定規ではない) の大きさを比べる問題をする。写し取って調べる方法もあるが, 三角定規の角を仲立ちにして調べる方法 (間接比較) が有効である。

　学習のまとめをする。
　ふりかえりシートも活用する。

二等辺三角形・正三角形の角

本時の目標 | 二等辺三角形と正三角形の角の大きさを調べて，形の性質を理解する。

板書例

二等辺三角形や正三角形の角を調べよう

1 二等辺三角形

1 正三角形

2

3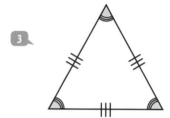

2つの角の大きさが等しい

2つの辺の長さが等しい

3つの角の大きさが等しい

3つの辺の長さが等しい

POINT 学習に使う二等辺三角形と正三角形をまず作り，それを使って実際に作業をしていきます。

1 二等辺三角形と正三角形をかいて切り取ろう

　児童にコピー用紙を配る。（紙を折る作業があるため，薄い紙の方がよい）

T　二等辺三角形と正三角形の大きさは自由です。それぞれ2つずつかいて，はさみで切り取ります。二等辺三角形も正三角形も違う大きさのものを2つ作りましょう。

どうやってかけばよかったかな

コンパスを使ってかけばいいね

二等辺三角形は全く違う形のものを2つかいてみよう

　三角形のかき方をもう一度確かめておく。
　展開4の活動のために，三角定規2種類も紙に写し取り，2枚ずつ作っておくとよい。

2 作った二等辺三角形の角の大きさを調べよう

T　みんなが作った二等辺三角形には同じ大きさの角があるでしょうか。

どうやって調べたらいいでしょう

折って重ねてみたらわかるね

半分に折ったら，ぴったり重なったよ

もう1つの角とも比べてみたけど，大きさは違ったよ

C　ぴったり重なるということは，2つの角の大きさが等しいということだね。

C　作ったもう1つの二等辺三角形でも試してみたよ。

　同じ班の人が作ったいろいろな大きさや形の二等辺三角形でも2つの角の大きさが等しいことを確かめる。

準備物	・コピー用紙　・コンパス ・はさみ　・三角定規 QR ふりかえりシート QR 画像「二等辺三角形と正三角形の角」	ICT	2枚合わせて作った形を，タブレットで撮影し，全体で共有する。なぜ，そのような形になるのか，三角形の特徴を理由に入れながら説明させるとよい。

4

<２まい合わせていろいろな形をつくろう>

⑦ 　　　⑦

二等辺三角形

二等辺三角形

長方形

正方形

正三角形

---

3 正三角形にも等しい大きさの角があるか調べてみよう

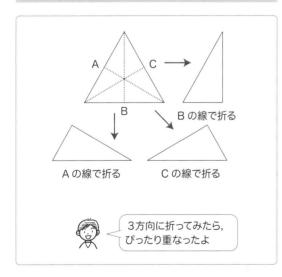

A　C →
A の線で折る　C の線で折る
B
B の線で折る

3方向に折ってみたら，ぴったり重なったよ

どんな大きさの正三角形でも 3 つの角の大きさが等しいことを確かめる。
　二等辺三角形は，2 つの辺の長さと 2 つの角の大きさが等しく，正三角形は，3 つの辺の長さと 3 つの角の大きさが等しいことをまとめておく。

4 三角定規の三角形を使っていろいろな形をつくってみよう

⑦を2枚合わせると，どんな形ができるでしょう

二等辺三角形ができました

正方形ができました

T　⑦は，1 枚だけでも正方形を作ることができます。試してみましょう。

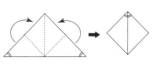

　同じように⑦を 2 枚使って形を作る。
　（二等辺三角形，正三角形，長方形ができる）

　ふりかえりシートも活用する。

【企画・編集】

　原田 善造　　わかる喜び学ぶ楽しさを創造する教育研究所　著作研究責任者
　新川 雄也　　元愛媛県公立小学校教諭

【ICT 欄執筆】

　松森 靖行　　高槻市立清水小学校教諭　　　　　　　　※ 2024 年 3 月現在

旧版『喜楽研の DVD つき授業シリーズ 新版 全授業の板書例と展開がわかる
　　DVD からすぐ使える　映像で見せられる　まるごと授業算数 3 年』（2020 年刊）

【監修者・著者】

　石原 清貴　板垣 賢二　市川 良　新川 雄也　原田 善造　福田 純一　和気 政司

【授業動画】

　石原 清貴

【発行にあたりご指導・ご助言を頂いた先生】

　大谷 陽子

※ QR コードは，株式会社デンソーウェーブの登録商標です。

喜楽研の QR コードつき授業シリーズ

改訂新版　板書と授業展開がよくわかる

まるごと授業　算数　3 年（下）

2024 年 4 月 2 日　　第 1 刷発行

イ ラ ス ト：山口 亜耶
企画・編集：原田 善造　新川 雄也（他 5 名）
編　　　集：わかる喜び学ぶ楽しさを創造する教育研究所　桂 真紀

発　行　者：岸本 なおこ
発　行　所：喜楽研（わかる喜び学ぶ楽しさを創造する教育研究所：略称）
　　　　　　〒 604-0854　京都府京都市中京区二条通東洞院西入仁王門町 26 - 1
　　　　　　TEL 075-213-7701　FAX 075-213-7706
　　　　　　HP　https://www.kirakuken.co.jp
印　　　刷：株式会社イチダ写真製版

ISBN：978-4-86277-473-6　　　　　　　　　　　　　　　　Printed in Japan